最新法律文件解读丛书

刑事
法律文件解读

XINGSHI FALÜ WENJIAN JIEDU

人民法院出版社　编

总第222辑　2023.12

人 民 法 院 出 版 社

图书在版编目（CIP）数据

刑事法律文件解读. 总第222辑 / 人民法院出版社编
. -- 北京 : 人民法院出版社, 2024.3
（最新法律文件解读丛书）
ISBN 978-7-5109-4012-5

Ⅰ. ①刑… Ⅱ. ①人… Ⅲ. ①刑法－法律解释－中国
②刑事诉讼法－法律解释－中国 Ⅳ. ①D924.05
②D925.205

中国国家版本馆CIP数据核字(2024)第020117号

刑事法律文件解读·总第222辑
人民法院出版社 编

责任编辑 杨晓燕
出版发行 人民法院出版社
地 址 北京市东城区东交民巷27号 邮编 100745
电 话 (010) 67550508（责任编辑） 67550558（发行部查询）
65223677（读者服务部）
客服QQ 2092078039
网 址 http://www.courtbook.com.cn
E-mail courtbook@sina.com
印 刷 三河市国英印务有限公司
经 销 新华书店
开 本 787毫米×1092毫米 1/16
字 数 115千字
印 张 8
版 次 2024年3月第1版 2024年3月第1次印刷
书 号 ISBN 978-7-5109-4012-5
定 价 28.00元

卷首语

最高人民法院于2023年2月16日在云南省昆明市组织召开了全国法院毒品案件审判工作会议。会议形成了《全国法院毒品案件审判工作会议纪要》（以下简称《纪要》），本辑重点收录了《纪要》的解读文章，对代购毒品行为的定性、涉麻精药品行为的定性等罪名认定问题，毒品数量、含量问题，共同犯罪认定以及毒品犯罪的死刑适用，自首、立功，累犯、毒品再犯、管辖等问题进行了详细解读，便于从事刑事审判工作人员在司法实践中准确理解和适用。

2023年7月26日，最高人民检察院发布《关于依法惩治和预防民营企业内部人员侵害民营企业合法权益犯罪、为民营经济发展营造良好法治环境的意见》的通知（以下简称《意见》）。本辑收录了《意见》及相关的情况通报，为相关人员提供办案指导。此外，本辑也收录了最高人民检察院办公厅、公安部办公厅、中国海警局执法部联合印发的《办理海上涉砂刑事案件证据指引》及其相关答记者问，为司法机关在办理相关案件时准确把握证据，精准定罪量刑提供制度依据。

“地方司法业务文件与解读”栏目收录了浙江省高级人民法院、浙江省人民检察院、浙江省公安厅、浙江省司法厅发布的《浙江省办理减刑、假释案件实施细则（试行）》的通知；“指导案例、典型案例与解读”栏目收录了最高人民检察院发布的《防范金融投资诈骗典型案例》和最高人民法院发布的《危害药品安全犯罪典型案例》，供相关领域工作人员在审理类似案件时参考。

目录

司法解释、司法指导性文件与解读

地方司法业务文件与解读

指导案例、典型案例与解读

司法解释、司法指导性文件与解读

解读《全国法院毒品案件审判工作会议纪要》

李睿懿　欧阳南平　李静然　田　娟　姜远亮*

为全面贯彻落实党的二十大精神，认真落实习近平总书记关于禁毒工作重要指示精神和党中央禁毒决策部署，推进新时代新征程人民法院禁毒工作持续高质量发展，最高人民法院于2023年2月16日在云南省昆明市组织召开了全国法院毒品案件审判工作会议。会议深入学习了习近平总书记关于禁毒工作的重要指示精神，明确了推进人民法院禁毒工作持续高质量发展的各项举措，研究讨论了毒品案件审判工作中面临的突出问题并达成了共识。会议形成的《全国法院毒品案件审判工作会议纪要》（以下简称《纪要》），已由最高人民法院于2023年6月26日以法〔2023〕108号文件印发，供各级人民法院在刑事审判工作中参照执行。为便于司法实践中准确理解和适用，现就《纪要》的起草背景和经过、文件体例、起草思路以及修改或者新增的主要内容说明如下。

一、《纪要》的起草背景和经过

最高人民法院于2008年印发的《全国部分法院审理毒品犯罪案件

* 作者单位：最高人民法院。

工作座谈会纪要》（以下简称《大连会议纪要》）和2015年印发的《全国法院毒品犯罪审判工作座谈会纪要》（以下简称《武汉会议纪要》），较好地解决了毒品案件审判中存在的一些突出法律适用问题，在一定时期内发挥了重要指导作用。近年来，随着毒品犯罪形势不断发展变化，审判实践中新情况和老问题相互交织，对人民法院禁毒工作尤其是毒品案件审判工作提出新的更高要求。以上两个会议纪要的部分规定略显滞后，且对个别争议问题一直未作明确规定，已无法完全满足实践需要，有必要制定新的指导文件加以解决。为研究解决毒品案件审判工作面临的突出问题，从2021年上半年开始，最高人民法院在全国范围内启动了新一轮全面调研，并先后就制造毒品半成品犯罪死刑适用、涉麻醉药品和精神药品案件法律适用等问题开展了专项调研。

2021年12月，最高人民法院召开党组会议，决定适时召开全国法院毒品案件审判工作会议，总结审判经验，出台指导意见。为筹备此次会议，在前期调研工作基础上，经深入研究和反复论证，起草形成了《纪要》稿。会前，就《纪要》稿向本院相关庭室、全国各高级人民法院、最高人民检察院、公安部及有关专家学者正式征求了意见。会上，与会代表对《纪要》稿进行了充分讨论。会后，根据与会代表提出的修改建议及各方反馈的书面意见，对《纪要》稿作了进一步修改、完善，又召集最高人民法院相关庭室、最高人民检察院、公安部座谈论证。其间，还就《纪要》稿所涉有关问题书面征求全国人大常委会法制工作委员会意见，座谈听取国家药品监督管理局意见，征询海关总署、农业农村部等有关单位意见。在以上工作基础上，形成送审稿并提交最高人民法院刑事审判专业委员会讨论。2023年5月29日，最高人民法院刑事审判专业委员会第460次会议讨论通过了《纪要》。

二、《纪要》的体例、起草思路及与以往两个会议纪要的适用关系

（一）文件体例

关于《纪要》的体例，起草过程中曾有两种意见。一种意见认为，《纪要》可仅就大连、武汉两个会议纪要未规定或规定不尽完善的问题作出补充性规定；另一种意见认为，应在继承大连、武汉两个会议纪要相关规定的基础上，加以补充完善，出台一个统一的指导文件。以上两种意见均有一定道理，经综合权衡，《纪要》最终采纳了第二种意见，主要考虑大连、武汉两个会议纪要的规定需要系统整合和修改完善，且此前两者已是配套适用关系，如果再出台一个补充式的指导文件，三者并用势必给实践带来较大不便；出台统一指导文件，为审理毒品案件提供更加系统、全面的规范指引，更能满足各地审判工作现实需要，更有利于司法实践中准确适用。

（二）《纪要》法律适用部分的起草思路

《纪要》坚持守正创新，以刑法、刑事诉讼法及有关司法解释为依据，系统总结了大连、武汉两个会议纪要等文件的相关内容，并充分吸收近年来毒品犯罪调研最新成果，立足解决实践中反映比较突出的法律适用、政策把握及证据审查等相关问题。具体思路为：一是坚持继承保留，做好整理吸收。《大连会议纪要》和《武汉会议纪要》中的大部分规定经过司法实践的长期检验，被证明是可行的、有效的，并被各界广泛接受，《纪要》在继承保留相关规定的基础上，对其内容作了一定整合和细化，对其结构顺序、文字表述作了一定调整和规范，以使其更好地发挥指导作用。同时，《纪要》也吸收了其他规范性文件中与毒品案件审判工作密切相关的内容。二是坚持与时俱进，做好修改完善。

《纪要》紧跟立法修正及时代步伐，对运输毒品犯罪的死刑适用、代购毒品行为的定性、隐匿身份人员实施侦查案件的处理、新类型毒品的定罪量刑标准等问题作了符合最新立法精神、合乎新时代禁毒工作需求的修改。三是坚持问题导向，做好补充增加。《纪要》直面问题和挑战，对实践中长期存在、一直想解决但没有得到很好解决的“代购蹭吸”行为的定性、无毒品实物案件的死刑适用、累犯死缓限制减刑的适用等问题作出规定；对近年来新出现的、较为突出的涉麻醉药品、精神药品行为的定性、制造毒品半成品犯罪的死刑适用等问题，条件成熟能够形成共识的，也尽可能地加以明确。四是坚持实事求是，保留探索空间。对于毒品犯罪形态认定、犯前罪时未成年的毒品再犯认定等问题，由于目前依然争议较大，《纪要》最终未予规定，留待实践继续探索。

（三）《纪要》与以往两个会议纪要的适用关系

由于《纪要》对《大连会议纪要》和《武汉会议纪要》的内容进行了系统整合和修改完善，《纪要》正式印发后，统一参照执行新纪要，大连、武汉两个会议纪要将不再适用。

三、《纪要》的主要内容

《纪要》坚持宏观性、指导性和实用性相结合，并不是单纯的法律适用文件。一方面，总结成绩经验，分析形势任务，统一思想认识，并对推进人民法院禁毒工作持续高质量发展提出总体要求。同时，坚持实践导向和问题导向，对当前毒品案件审判工作中亟待解决的突出问题加以明确和规范，印发《纪要》是最高人民法院持续加强毒品案件审判规范化建设的重要举措。

《纪要》包含引言和13部分具体内容。

引言部分概述了全国法院毒品案件审判工作会议的基本情况和主要

内容，并介绍了《纪要》的出台背景及与此前两个会议纪要的承接关系。

第一部分是总体要求。强调了禁毒工作的重要意义，总结了党的十八大以来人民法院禁毒工作取得的成绩，分析了当前我国毒品犯罪的总体形势，明确了当前和今后一段时期人民法院禁毒工作的指导思想和任务目标，并从始终坚持党对禁毒工作的绝对领导、全面加强毒品案件审判工作、持续推进毒品案件审判规范化建设、不断完善参与禁毒综治工作机制四个方面，对推进人民法院禁毒工作持续高质量发展作出具体部署。

第二至第十三部分是若干具体问题。主要包括罪名认定，毒品数量、含量，共同犯罪，死刑适用，主观明知认定，隐匿身份人员实施侦查案件的处理，自首、立功，累犯、毒品再犯，特定人员参与毒品犯罪，涉案财物处理、财产刑适用，缓刑适用及减刑、假释，管辖等12个大问题。其中，罪名认定和死刑适用是核心问题。以下对这12个大问题中新增或者对以往规定作出较大修改的内容，择其要者分别予以说明。

（一）罪名认定问题

1. 关于改变选择性罪名的规则

《大连会议纪要》规定了走私、贩卖、运输、制造毒品罪上级法院改变选择性罪名的规则。根据《最高人民法院关于适用〈中华人民共和国刑事诉讼法〉的解释》（以下简称刑事诉讼法司法解释）条文修改情况，《纪要》对《大连会议纪要》规定作出一定调整：第一，将规则适用范围扩展到检察机关指控选择性罪名不准确或者顺序不当的情形，即同时明确了一审、二审两级法院改变选择性罪名的规则。第二，将《大连会议纪要》中“不得增加罪名”的规定修改为“可以增加选择性罪名”。刑事诉讼法司法解释第四百零一条对于上诉案件“不得加重被告人的刑罚”作出了新的解释，即“不得对被告人的刑罚作出实质不利的改判”，并在第二项中明确规定原判认定的罪名不当的，在符合条件的情况下，二审可以改变罪名（包括增加选择性罪名）。《纪要》的上述修改符合最新刑事诉讼法司法解释的规定精神。第三，明确了变更或者增加选择性罪名的限制条件：(1) 根据“不告不理”的刑事诉讼原则，变更或者增加选择性罪名的前提条件是检察机关已指控相关犯罪事实，且该犯罪事实根据现有证据足以认定。(2) 变更或者增加选择性罪名，需按照刑事诉讼法司法解释第二百九十五条的规定，充分听取控辩双方意见，切实保障被告人、辩护人依法行使辩护权。(3) 根据刑事诉讼法司法解释第四百零一条的规定，二审变更或者增加选择性罪名的，不得加重刑罚或者对刑罚执行产生不利于被告人的影响。

2. 关于有偿转让、互换毒品行为的定性

《纪要》首次明确了一般情况下以毒品作为支付手段行为的定性，根据贩卖毒品系有偿转让的本质特征，明确了几种特殊的毒品交易形式。其中，财产性利益的表述参考了 2016 年《最高人民法院、最高人民检察院关于办理贪污贿赂刑事案件适用法律若干问题的解释》第十二条的规定，具体包括可折算为货币的物质利益以及需要支付货币的其他利益。

实践中，毒品犯罪分子或者吸毒人员互换毒品的情形并不鲜见，但此类行为的定性问题一直存在争议。为进一步规范司法适用，《纪要》首次对此作出专门规定，具体包括两种情形：第一，用毒品向他人换取毒品用于贩卖的，被告人在向他人有偿转让毒品的同时，也以贩卖为目的非法购入了毒品，故应认定为贩卖毒品罪。需要说明的是，对于用毒品向他人换取毒品用于贩卖的，毒品数量是否累计计算的问题，经研究认为，由于双方均在售出（换出）毒品的同时完成了以贩卖为目的买入（换入）另一宗毒品的行为，根据刑法中贩卖毒品行为的含义，售出和买入的毒品一般均应计入双方贩卖毒品的数量，但被告人将买入

(换入)的毒品转手卖出时则不应再重复计算毒品数量。鉴于目前对该问题仍存在较大分歧,《纪要》未作明确规定。第二,双方以吸食为目的互换毒品的行为,虽然也包含向他人有偿转让毒品的因素,但因双方均以吸食为目的换入毒品,追求的均为毒品的滥用效用而非获取对价利益,而刑法并未将购买少量毒品自吸的行为认定为犯罪,故不宜以贩卖毒品罪定罪处罚,构成非法持有毒品罪等其他犯罪的,可以依法认定。在认定为非法持有毒品罪的情况下,毒品数量不累计计算。对于是否以吸食为目的互换毒品,应根据在案证据综合判定。

3. 关于吸毒者购买、运输、存储毒品行为的定性

在此问题上,《武汉会议纪要》对《大连会议纪要》的相关规定作出较大修改。一方面,对吸毒者购买、运输、存储毒品行为的定性分别加以规定,即吸毒者在购买、运输、存储毒品过程中被查获,没有证据证明其是为了实施贩卖毒品等其他犯罪,毒品数量达到较大以上的,根据其具体的行为状态定罪,处于购买、存储状态的认定为非法持有毒品罪,处于运输状态的认定为运输毒品罪。另一方面,降低了将吸毒者运输毒品的行为认定为运输毒品罪的门槛,即直接以毒品数量较大作为认定标准,不再另行设置更高的合理吸食量标准,便于实践操作,也加大了对吸毒者实施的毒品犯罪的打击力度。但在适用《武汉会议纪要》过程中,也暴露出以下几个问题:第一,规定吸毒者在购买、运输毒品"过程中"被查获,容易造成仅对正在实施相关行为者追究刑事责任的误解。第二,规定没有证据证明其"是为了"实施贩卖毒品等其他犯罪,所涵盖的情形并不全面。吸毒者购买、运输、存储毒品的行为可能是"实施贩卖毒品等其他犯罪"的准备行为或手段行为,也可能是其后续行为或结果行为。第三,将吸毒者运输超过数量较大标准毒品的行为,一律以运输毒品罪定罪处罚,容易造成运输毒品罪适用的绝对化。

针对以上问题,《纪要》对《武汉会议纪要》的规定作了相应修改:一是将原规定中"在……毒品过程中被查获"改为"因……毒品

被查获”，这样可以同时包括购买、运输、存储毒品行为正在进行和实施完毕的情形。二是将原规定中没有证据证明“其是为了实施贩卖毒品等其他犯罪”改为“其有实施贩卖毒品等其他犯罪的故意”，这样无论是为了实施、正在实施还是已经实施贩卖毒品等其他犯罪的情形都能涵括，法网更加严密。三是在“以运输毒品罪定罪处罚”前增加了“一般”二字，提醒裁判者对吸毒者运输毒品的行为是否认定为运输毒品罪，主要依据毒品数量是否超过较大标准（合理吸食量）进行判断，但为防止例外情况发生，也需要根据其实际目的、运输距离、方式、起始地点、行程轨迹以及毒品被查获时的具体情况等进行一定的实质判断，增强了认定的灵活性和周延性。

4. 关于制造毒品行为的认定

《大连会议纪要》首次对用物理方法加工、配制毒品的行为可构成制造毒品罪作出明确规定，织密了打击制造毒品犯罪的刑事法网。在此基础上，《纪要》删去了《大连会议纪要》中用物理方法加工、配制毒品部分的举例内容，规定对于此类行为是否属于制造毒品行为，主要根据是否以改变毒品的成分和效用为目的来判定，体现了原则性和灵活性相结合，以适应实践中制造毒品犯罪手段发展变化的趋势。

同时，《纪要》规定了用物理方法加工毒品、不认定为制造毒品的典型情形，以从反面进一步界定制造毒品行为。通过添加“辅料”实现增重目的系欺骗购毒者的典型行为，将毒品溶于液体隐蔽运输系逃避查缉的典型行为，吸毒者为自用而将少量毒品改变形态或者掺入其他成分的，应视为滥用毒品的手段，对上述行为均不应认定为制造毒品。需要说明的是：(1) 对于为便于销售而通过物理方法使毒品溶解、混合、吸附于某种物质的行为，通常可以被被告人自身的贩卖毒品行为所吸收，被告人为帮助他人贩卖毒品而实施上述行为的，可以评价为贩毒者的共犯，一般不认定为制造毒品。(2)《大连会议纪要》规定，为便于销售而去除毒品中的非毒品物质的行为不属于制造毒品行为，但《纪要》起草过程中各方普遍认为，此类行为若属于精制、提纯毒品行为，则应认定为制造毒品。

5. 关于代购毒品行为的定性

代购毒品行为在毒品交易环节广泛存在，如何界定此类行为，并准确认定其性质，对有效打击末端毒品犯罪有重要意义。代购并非规范法律术语，实践中各方对代购的理解并不完全相同。有的观点认为，应将代购毒品行为限定为为他人购买仅用于吸食的毒品且未从中牟利的情形；有的观点认为，代购毒品仅指向托购者事先联系好的贩毒者购买相应毒品的情形，即“跑腿型”代购。上述理解不完全符合社会公众对代购的一般认知，也与大连、武汉两个会议纪要中对代购毒品行为的规定不尽一致。《纪要》与以往两个会议纪要一脉相承，采用了广义代购概念，未从托购者身份、购毒目的、是否牟利、代购行为方式等方面对代购毒品行为作出限定。

代购毒品行为的定性问题在实践中存在一定争议。《大连会议纪要》对该问题作了较为系统的规定，《武汉会议纪要》在此基础上又作了补充性规定。《纪要》对此前两个会议纪要的规定作了体系性的调整和完善，加大了对代购毒品牟利行为的惩治力度，规范了证据认定标准。《纪要》从三个角度对代购毒品行为性质进行不同界定：明知他人实施毒品犯罪为其代购，未从中牟利的；为他人代购毒品，并从中牟利的；为他人代购毒品，既不明知他人实施毒品犯罪，又未从中牟利的。

(1) 共犯型代购。根据《大连会议纪要》的规定，明知他人实施毒品犯罪而为其代购的，无论是否牟利，都应以相关毒品犯罪的共犯论处。

《纪要》起草过程中，有意见认为，对其中从中牟利的，不应仅以共犯论处。理由是：其一，被告人此时实施的不仅是帮助他人代购毒品的行为，同时也实施了加价或者变相加价贩卖毒品的行为，从严厉打击代购毒品行为的角度，应直接以贩卖毒品罪定罪处罚；其二，对于明知他人实施毒品犯罪并从代购中牟利的被告人以共犯论处，对于不明知他人实施毒品犯罪但从代购中牟利的被告人以贩卖毒品的上家论处，会造成处罚失衡。经研究认为，上述意见确有道理，故《纪要》将《大连会议纪要》规定的“无论是否牟利”改为“未从中牟利”。需要指出的是，这里的“未从中牟利”具体包括两种情形：一种是未牟利的情形；另一种是虽有牟利，但未直接从代购行为中牟利的情形，如被告人明知他人贩卖毒品而为其代购，但不是从代购行为中直接牟利，而是从后续贩毒行为中牟利的，则仍应认定为共犯。

（2）从中牟利型代购。根据《纪要》的规定，只要代购者通过加价或变相加价从代购毒品行为中牟利的，鉴于其已成为一个独立的转卖环节，一律按照贩卖毒品罪定罪处罚，至于其明知托购者是以贩卖还是以吸食为目的而委托其购买毒品，或者不知道也不关心托购者委托其购买毒品的具体目的，均在所不问。

《纪要》对《武汉会议纪要》中变相加价的界定作了修改，扩大了“牟利”的外延：其一，将“以贩卖为目的收取部分毒品”改为“收取、私自截留部分购毒款、毒品”，特别是将收取、私自截留部分毒品直接规定为从中牟利，不再限定于以贩卖为目的，进一步限缩了代购毒品牟利行为出罪的范围。其二，增加了“等方式”的表述，将变相加价设置为开放性条款，使其包括但又不限于所列举的几种情形。此外，对牟利高低原则上没有数额要求，但接受托购者给予的小额跑腿费、辛苦费及价值不大的香烟等物品的，鉴于利微，与代购毒品牟利行为所面临的法律风险明显不相匹配，也可以不视为牟利。

需要特别说明的是，对于“代购蹭吸”行为是否属于“从中牟利”，实践中一直存在较大争议。《武汉会议纪要》对此未作明确规定。在充分征求各方意见的基础上，《纪要》规定代购者收取、私自截留部分毒品的，属于从中牟利，无论其是否出于吸食目的。但实践中“代购蹭吸”情形复杂多样，不宜一律以贩卖毒品罪论处。鉴此，《纪要》

明确了“代购蹭吸”行为出罪的条件，主要考虑：其一，对于托购者事先联系好贩毒者的“跑腿型”代购，不宜将代购者认定为贩毒者的共犯。其二，在托购者购买的毒品仅用于吸食的情况下，代购者与托购者也不存在实施贩卖毒品等犯罪的共同故意。其三，代购者收取、私自截留少量毒品仅供自身吸食，其行为虽属获利，但实质上相当于吸毒行为和帮助吸毒行为，故可不作为犯罪处理。关于少量毒品的认定，一般理解为明显低于数量较大标准。

(3) 其他代购毒品行为。《纪要》对大连、武汉两个会议纪要的相关规定作了整合修改，将《大连会议纪要》中的“不以牟利为目的，为他人代购仅用于吸食的毒品”和《武汉会议纪要》中的“为吸毒者代购毒品，……没有证据证明托购者、代购者是为了实施贩卖毒品等其他犯罪”，统一修改为“没有证据证明代购者明知他人实施毒品犯罪而为其代购毒品，代购者亦未从中牟利”，不再限定托购者身份为吸毒者，涵盖面更广。实际上，无论代购者是否为吸毒者代购毒品，如果没有证据证明其与托购者有贩卖毒品的共同犯罪故意，且其未因从中牟利而成为独立的贩卖环节的，均只能按照此种情形处理，即毒品达到数量较大标准，因购买、存储毒品被查获的，以非法持有毒品罪定罪处罚；因运输毒品被查获的，一般以运输毒品罪定罪处罚。《纪要》的规定有利于降低认定难度。此外，《纪要》在认定为运输毒品罪的情形前增加了“一般”二字，强调对代购者实施的运输毒品行为也要进行一定的实质判断。

需要强调的是，《纪要》新增了对代购毒品行为认证规则的规定。针对实践中部分贩毒人员购买毒品后辩称系为他人代购、试图逃避司法打击的情况，《纪要》明确了该类情况证据审查的要点，实际增加了被告人提供证据线索的义务，并明确达不到相应证明标准、被告人行为符合贩卖毒品罪犯罪构成的，依法定罪处罚。

6. 关于涉麻醉药品、精神药品行为的定性

近年来，有医疗等合法用途的麻醉药品、精神药品（以下简称麻精药品）替代滥用问题较为突出。同时，此类麻精药品的生产、销售，往往又与群众用药特别是一些危重、罕见疾病的治疗息息相关。司法实践中，涉麻精药品行为定性问题存在争议，个别案件引发舆论高度关注，执法办案缺乏明确依据，迫切需要加以规范。为研究解决实践中的突出问题，在从严惩处此类犯罪的同时，切实保障人民群众合理用药需求，《纪要》在相关调研工作的基础上，对《武汉会议纪要》原有规定作了较大的增补、调整。

依法准确打击涉麻精药品犯罪，首先必须厘清毒品与麻精药品的关系。根据我国刑法规定，毒品是指国家规定管制的能够使人形成瘾癖的麻醉药品和精神药品。因此，毒品一定属于国家规定管制的麻精药品。但是，由于部分国家规定管制的麻精药品具有医疗等合法用途，实践中国家规定管制的麻精药品并不一定都被用作毒品。据此，需要从麻精药品的用途和行为的目的两个维度，对于涉麻精药品行为的性质进行审查判断，确保裁判定性准确、罚当其罪。

（1）关于涉无合法用途麻精药品行为的定性。国家规定管制的麻精药品并不都具有医疗等合法用途。《麻醉药品和精神药品管理条例》第三条第一款规定："本条例所称麻醉药品和精神药品，是指列入麻醉药品目录、精神药品目录（以下称目录）的药品和其他物质。精神药品分为第一类精神药品和第二类精神药品。"《非药用类麻醉药品和精神药品列管办法》第二条规定："本办法所称非药用类麻醉药品和精神药品，是指未作为药品生产和使用，具有成瘾性或者成瘾性潜力且已被滥用的物质。"经向国家药品监督管理局和农业农村部相关部门了解，列入麻醉药品目录、精神药品目录的药品和其他物质中，已取得相关药品批准证明文件的药品，经国务院药品监督管理部门批准以医疗、科学研究或者教学为目的开展临床前药物研究的药物，以及仅在境外合法上

市的药品，属于有医疗用途的麻醉药品、精神药品，具体范围可在国家药品监督管理局官网查询或详询该局药品监管司；因畜、禽医疗、教学、科研的正当需要而使用的麻醉药品，属于有其他合法用途的麻醉药品，具体范围可参考《中华人民共和国兽药典》和《兽药质量标准》。《纪要》首先根据麻精药品是否具有医疗等合法用途加以划分，规定对于走私、贩卖、运输、制造没有医疗等合法用途的麻精药品，如海洛因、甲基苯丙胺或者非药用类麻精药品的，一般可以直接按照毒品犯罪定罪处罚。需要注意的是，没有医疗等合法用途，既包括该麻精药品品种本身没有合法用途的情形，也包括该麻精药品品种具有合法用途（如氯胺酮）但系犯罪分子出于非医疗目的非法制造的情形。

但是，确有证据证明系出于治疗疾病等相关目的，未经批准生产研制国家规定管制的麻精药品，未经批准进口在境外也未合法上市的此类药品，或者明知是上述未经批准生产、进口的麻精药品而予以销售的，虽然严格来说此类麻精药品并不具有合法用途，但由于被告人确系出于治疗疾病等目的实施相关行为，故可不以毒品犯罪定罪处罚。根据刑法第一百四十二条之一和2022年《最高人民法院、最高人民检察院关于办理危害药品安全刑事案件适用法律若干问题的解释》（以下简称《2022年药品解释》）的相关规定，上述行为可视为“足以严重危害人体健康”，可以以妨害药品管理罪定罪处罚。需要说明的是，实践中认定构成妨害药品管理罪的，涉案麻精药品在大多数情况下属于前述具有医疗等合法用途的品种，在少数情况下也可能是除此之外具有医疗用途潜力的其他品种。

（2）关于涉有合法用途麻精药品行为的定性。美沙酮、艾司唑仑等有医疗等合法用途的麻精药品，通常具有双重属性，在正常发挥医疗效用时属于药品，被滥用则成为毒品。对于涉及此类麻精药品的行为，不能一律按照毒品犯罪定罪处罚，而需结合行为主体、对象、目的等因素，准确判断其性质。据此，《纪要》在总体保留《武汉会议纪要》相关规定的基础上作了一定修改。

一是对于向毒品犯罪分子、吸毒人员贩卖或者提供麻精药品行为的定性，区分一般主体与特殊主体，分别作出规定。对于一般主体，明确规定以贩卖毒品罪定罪处罚，并将明知贩卖对象的身份由隐含条件转予列明。对于特殊主体，根据刑法第三百五十五条的规定，依法从事生产、运输、管理、使用国家管制的麻精药品的人员，违反国家规定，向吸毒人员无偿提供，或者不以牟利为目的向吸毒人员有偿提供（如按照定价销售）国家规定管制的麻精药品的，以非法提供麻醉药品、精神药品罪定罪处罚；上述特殊主体向走私、贩卖毒品的犯罪分子，或者以牟利为目的向吸毒人员提供国家规定管制的麻精药品的，以贩卖毒品罪定罪处罚。

二是对于确有证据证明出于治疗疾病等相关目的，未经许可经营具有医疗等合法用途的麻精药品行为的定性，作出原则性规定。在行为人出于治疗疾病等相关目的实施上述行为的情况下，无论是从行为人、用药群体或一般社会公众的角度看，涉案麻精药品均未被视作毒品。行为人主观上并不具有实施毒品犯罪的故意，此类行为的社会危害也与毒品犯罪存在明显差异，若以毒品犯罪定罪处罚，显然超出了行为人的故意内容和可预见范围，也背离常情常理和公众心理预期，故《纪要》明确规定对此类行为不以毒品犯罪论处。

需要说明的是，《纪要》起草过程中，对于能否延续《武汉会议纪要》规定，对此类行为以非法经营罪定罪处罚，存在较大争议。一种意见认为，此类行为不构成犯罪，应通过行政手段予以规制。理由为：《2022 年药品解释》施行后，2014 年《最高人民法院、最高人民检察院关于办理危害药品安全刑事案件适用法律若干问题的解释》第七条关于非法经营罪的规定不再适用。此外，此类行为违法程度相对较轻，符合妨害药品管理罪入罪条件的行为违法程度相对更高，而非法经营罪的法定刑重于妨害药品管理罪，故对此类行为以非法经营罪定罪处罚，会出现量刑倒挂。另一种意见认为，对于此类行为，构成犯罪的，应依照刑法第二百五十五条第一项的规定，以非法经营罪定罪处罚。理由为：麻精药品属于特殊药品，具有致瘾癖性，国家对麻精药品的管制程度远高于普通药品，违规经营麻精药品的行为违法程度更高，在办理此类案件时，应充分考虑麻精药品的特殊性，适用特殊规则，依法从严惩处；近年来麻精药品替代滥用问题日益突出，未经许可经营麻精药品的行为是导致麻精药品流入非法渠道的源头，且部分无法直接认定为毒品犯罪，仅通过行政手段予以规制，难以发挥有效震慑作用，也不足以应对复杂的实际情况；根据禁毒法、药品管理法、《麻醉药品和精神药品管理条例》等相关规定，麻精药品属于法律、行政法规规定的限制买卖物品，可直接适用刑法第二百二十五条第一项的规定定罪处罚。还有一种意见认为，对于此类行为，宜适当保留非法经营罪的适用空间，但需在程序上严格控制。即确有必要以非法经营罪定罪处罚的，应适用刑法第二百二十五条第四项，根据2011年《最高人民法院关于准确理解和适用刑法中“国家规定”的有关问题的通知》第三条的规定，作为法律适用问题，逐级向最高人民法院请示。经研究，后两种意见在法律适用上效果更佳，最后一种意见在程序上更有利于确保相关罪名的准确适用。但鉴于目前认识尚不统一，《纪要》仅作原则性规定。

同时，为保障群众合理用药需求，防止打击面过大，《纪要》在《2022年药品解释》第十八条规定的基础上，明确对实施带有自救、互助性质的此类行为者，考虑到其行为目的及患者的实际用药需求，即使有一定获利，一般也可以不作为犯罪处理；对其中营利目的明显，非法经营数额很大，获利程度高，社会危害大，确有必要追究刑事责任的，考虑到其行为性质，也应从宽处理。

（3）其他非法贩卖麻精药品行为的定性。针对实践中犯罪分子利用麻精药品实施抢劫、强奸等犯罪的情况，《纪要》规定了向实施上述犯罪的人员贩卖麻精药品行为的定性，具体分为以下三种情形：其一，择一重罪论处。如果行为人明知他人具有实施抢劫、强奸犯罪的故意，仍向其出售麻精药品作为犯罪工具，同时构成贩卖毒品罪和抢劫罪或者强奸罪的共犯的，因行为人实际上仅实施了一个行为，根据想象竞合犯理论，应择一重罪论处。其二，只构成一罪。如果行为人的目的是贩卖麻精药品，对他人获取后用于非法目的仅具有概括认识，并不具体知悉他人违法犯罪行为的类型和内容的，一般仅以毒品犯罪定罪处罚。实践中，一些行为人通过网络平台向不特定主体出售麻精药品，并冠以“迷奸水”“听话水”等称谓，仅概括知悉他人可能用于实施违法犯罪的（并非用于医疗目的），不宜认定为共犯，仅认定为毒品犯罪。如果行为人具有共同抢劫、强奸的犯罪故意，且提供自己非法持有的毒品作为犯罪工具，行为不具有贩卖特征的，则仅认定为抢劫罪、强奸罪的共犯。其三，数罪并罚。如果有的被告人将麻精药品走私入境后，明知他人欲用以实施抢劫、强奸等犯罪仍向其提供，符合共犯认定条件的，依法以走私毒品罪和抢劫罪或者强奸罪数罪并罚。

7. 关于网络涉毒犯罪的定性

《武汉会议纪要》根据当时的刑法规定，对网络涉毒犯罪的定性问题作了原则性规定。但在《武汉会议纪要》印发后，刑法修正案（九）增设了第二百八十七条之一非法利用信息网络罪、第二百八十七条之二帮助信息网络犯罪活动罪。鉴此，2016年《最高人民法院关于审理毒品犯罪案件适用法律若干问题的解释》（以下简称《2016年审理毒品犯罪解释》）在第十四条中对《武汉会议纪要》的相关规定作出修改，就上述两个罪名和网络涉毒犯罪的衔接作出规定。其中明确规定，利用信息网络，设立用于组织他人吸食、注射毒品的网站、通讯群组，发布组织他人吸食、注射毒品的违法活动信息，情节严重的，应当依照刑法第287条之一的规定，以非法利用信息网络罪定罪处罚。

但是，2019年《最高人民法院、最高人民检察院关于办理非法利用信息网络、帮助信息网络犯罪活动等刑事案件适用法律若干问题的解释》第七条明确，刑法第二百八十七条之一规定的“违法犯罪”，包括犯罪行为和属于刑法分则规定的行为类型但尚未构成犯罪的违法行为。据此，《2016年审理毒品犯罪解释》第十四条规定中的“组织他人吸食、注射毒品”行为不属于刑法第二百八十七条之一规定的“违法犯罪”，对相关行为不能再以非法利用信息网络罪定罪处罚。考虑到“引诱、教唆、欺骗他人吸毒”行为，属于刑法该条文中规定的“违法犯罪”，利用信息网络，设立相关网站、通讯群组或者发布相关信息，宣传吸毒行为、宣扬吸毒感受，引诱、教唆、欺骗他人吸毒的，仍可能构成非法利用信息网络罪。故《纪要》根据新的司法解释规定，将“组织他人吸食、注射毒品”改为“引诱、教唆、欺骗他人吸毒”。

（二）毒品数量、含量问题

1. 关于毒品定罪量刑数量标准问题

不同毒品尤其是新类型毒品的定罪量刑数量标准，对案件处理影响较大。为进一步加强审判指导，实现罚当其罪，《纪要》对大连、武汉两个会议纪要原有规定作了一定修改。关于走私、贩卖、运输、制造、非法持有不同毒品的定罪量刑数量标准，主要分为三种情况：一是刑法、司法解释明确规定了定罪量刑数量标准的，按照相关标准依法定罪量刑，保留了《大连会议纪要》原有规定。二是刑法、司法解释没有规定定罪量刑数量标准但有相关折算标准的，大连、武汉两个会议纪要均规定可以直接按照相关标准折算后定罪量刑，但是随着毒品犯罪形势的发展变化，原有规定在执行中暴露出一些问题。比较典型的是，一些新类型毒品，折算比例较高，但纯度极低，直接按照相关折算标准折算后定罪量刑，明显罪刑不相适应。鉴于折算标准主要是从药理学、依赖性角度加以规定，未充分考虑滥用情况、犯罪形势、毒品纯度等社会危害性因素，与刑法、司法解释规定的定罪量刑数量标准在制定依据和效力上均有所不同，《纪要》将此类情形修改为参考折算标准，并综合考虑各种因素依法定罪量刑。三是既无定罪量刑数量标准亦无折算标准的，规定应由有关专业机构确定致瘾癖性等相关技术标准，由审判人员综合考虑各项社会危害性因素，依法定罪量刑。

2. 关于未查获实物案件的毒品数量认定

《武汉会议纪要》对未查获实物的混合型毒品的数量认定作了规定。在此基础上，《纪要》新增了有关未查获实物案件中毒品数量认定的原则方法和事实表述的一般性规定。征求意见过程中，各方普遍认为，对于有确实、充分的证据，如被告人供述、证人证言、账本、转账记录、通信记录等，能够证实毒品交易金额和单价的，可以据此认定毒品数量，这对于网络毒品犯罪的证据认定具有重要意义。对于制造毒品案件，鉴于不同案件中制毒原料品质及制毒技术水平往往存在差异，故不应单纯根据制毒原料制成毒品率估算毒品数量。确实无法根据现有证据认定涉案毒品具体数量的，可以在事实部分客观表述相关犯罪情节，表明其罪行严重程度。

3. 关于毒品纯度与数量认定问题

低纯度毒品的数量认定及对量刑的影响是长期困扰司法实践的难题，各地对此把握标准和尺度不一。征求意见过程中，部分法院提出，对于含量极低的新类型毒品，如果不以纯度折算，毒品数量很容易达到判处十五年有期徒刑以上刑罚的标准，造成罪责刑不相适应的问题。《纪要》起草过程中已注意到上述问题，但刑法明确规定毒品数量不以纯度折算，当前仍应严格执行刑法有关规定。同时，《纪要》在保留《武汉会议纪要》规定的两种例外情形的基础上，结合司法解释修订情况和实践需要略作修改：其一，关于司法解释另有规定的情形，目前是指《2016年审理毒品犯罪解释》第一条第二款的规定，即国家定点生产企业按照标准规格生产的麻醉药品或者精神药品被用于毒品犯罪的，根据药品中毒品成分的含量认定涉案毒品数量。其二，将《武汉会议纪要》规定的“隐蔽运输”改为“逃避查缉”，使适用范围能够涵盖为了隐蔽走私或静态下为了逃避查缉而临时改变毒品常规形态的情形；增加"等"字，主要是为了应对司法实践中的复杂情况，如吸毒人员为了便于吸食而改变毒品常规形态等情形。

此外，《纪要》通过指向性规定的方式，提示了应对查获毒品进行含量鉴定的案件范围，较《大连会议纪要》规定的"可能判处被告人死刑"和"涉案毒品可能大量掺假或者系成分复杂的新类型毒品"的含量鉴定范围有大幅度扩展。对于混合型毒品的鉴定与性质认定，《纪要》也参考相关规范性文件，对《大连会议纪要》原有规定作了一定修改，现有规定更加科学、严谨，更有利于实现罚当其罪。

（三）共同犯罪问题

关于共同犯罪问题，《纪要》基本吸收了《大连会议纪要》和《武汉会议纪要》的相关规定。一般规定部分，主要调整包括：一是在主从犯的认定依据问题上，新增对于在共同犯罪中起次要或者辅助作用的被告人，不能因其具有累犯、毒品再犯等从重处罚情节而认定为主犯或者实际上按主犯处罚的规定，提示不能将人身危险性因素作为区分主从犯的考量因素。二是在主从犯的毒品数量认定问题上，强调并非对所有共同犯罪人均按照涉案毒品的总数量认定处罚，进一步提示对各共同犯罪人应根据其具体地位、作用、参与犯罪情况准确认定毒品数量。三是在主犯、从犯的处罚原则问题上，强调对于有多名主犯的共同犯罪案件，应进一步区分主犯中罪行更为严重者，通过合理、平衡的量刑梯次实现罚当其罪。同时，对于从犯的处罚不能仅根据涉案毒品数量简单跨案比较，仍应以其在本案中的地位和作用为依据准确适用刑罚，依法体现从宽。

关于居间介绍买卖毒品问题，《纪要》对《武汉会议纪要》的规定作了个别修改：一是在原文对居间介绍者、居中倒卖者的特征作概括性规定后，增加了对居间介绍具体行为方式的列举式规定，并丰富了居中倒卖者的行为特征，以便于实践掌握。二是对于受以吸食为目的的购毒者委托的居间介绍者，根据其发挥的实际作用，进一步细化、完善了有关其行为定性的规定。仅将为以吸食为目的的购毒者提供购毒信息或者介绍认识贩毒者的情形，规定与购毒者构成非法持有毒品罪的共犯，而对同时与贩毒者存在共谋并有实际联络、促成交易行为的，规定应认定为贩毒者的共犯，加大了对后一类行为的处罚力度。

（四）死刑适用问题

《大连会议纪要》和《武汉会议纪要》对毒品犯罪的死刑适用问题作了较为系统的规定，《纪要》对此进行了整合完善，并在总结近年审判实践经验的基础上，补充增加了一些新的内容。

《纪要》强调要毫不动摇地坚持依法从严惩处毒品犯罪的方针，从犯罪性质、犯罪分子特点和犯罪情节三个方面明确了打击重点，重申要充分发挥死刑对于预防和惩治毒品犯罪的重要作用。同时，《纪要》提出在毒品死刑案件审判中也要全面、准确贯彻宽严相济刑事政策，体现区别对待，做到罚当其罪，明确了死刑适用的总体要求和考虑的具体因素。需要说明的是，《纪要》中的死刑均指死刑立即执行。

1. 一般规定

《纪要》规定了毒品死刑案件坚持的量刑标准，细化了宽严两方面适用死刑的一般规则，明确了证据要求。

(1) 关于死刑适用有关数量标准。《纪要》坚持“毒品数量+其他情节”的标准，针对不同数量层级，匹配了轻重有别的“其他情节”，从宽严两方面规范死刑适用。毒品数量“巨大”标准主要针对案情复杂、涉案人员较多的毒品案件而设置，体现了毒品犯罪死刑适用数量标准的层次化、精细化，各地可以根据当地毒品犯罪形势和惩治毒品犯罪的实际需要，按照基础数量标准的一定倍数掌握。与以往不同的是，《纪要》基于规范死刑适用的考虑，经认真研究未再设置毒品数量“特别巨大”标准。

（2）关于可以判处死刑的情形。《纪要》在《大连会议纪要》相关规定的基础上作了修改完善，分别以毒品数量“接近”“刚超过”实际掌握的死刑适用数量为标准，规定了两种情形。其一，对于“接近”实际掌握的死刑适用数量标准，应理解为略低于实际掌握的死刑适用标准，但不能有较大差距。对于具有累犯、毒品再犯等法定从重处罚情节的被告人，在决定死刑适用时，也应根据其前罪的性质和罪行轻重体现区别对待，不能简单化、“一刀切”。其二，鉴于“达到”涵盖了毒品数量刚超过和超过实际掌握的死刑适用数量标准较多的情况，《纪要》将《大连会议纪要》规定的毒品数量“达到”实际掌握的死刑适用数量标准，改为“刚超过”，以与后文的严重情节相匹配。同时，根据《2016年审理毒品犯罪解释》第四条的规定，对该数量标准下可以判处死刑的具体情节作了调整，其中《大连会议纪要》规定的“在毒品犯罪中诱使、容留多人吸毒”的情节，根据该解释规定精神，应按照数罪并罚的原则处理，故不再作为可以判处死刑的情节规定。

（3）关于可以不判处死刑的情形。对于毒品数量达到实际掌握的死刑适用数量标准，可以不判处被告人死刑的情形，《纪要》对《大连会议纪要》相关规定作了较大修改，将原规定的9种情形减为5种，其中删除2种、调位2种，并对保留的除兜底项之外的4种情形均作了修改。其一，关于删除的情形。删除原第五项的主要考虑是，以贩养吸的被告人主要是指为获取吸食毒品所需资金而少量贩卖毒品的被告人，对于贩卖毒品数量达到死刑适用数量标准的有吸毒情节的被告人，不宜认定为以贩养吸者，且吸毒情节对其贩卖毒品数量认定的影响并不大，这与《武汉会议纪要》加大对吸毒人员实施的毒品犯罪的打击力度的精神一致。删除原第八项的主要考虑是，对于家庭成员共同犯罪的，可以按照毒品共同犯罪死刑适用的一般原则予以规范，故不再专门规定。其二，关于调位的情形。考虑到原第六项关于毒品犯罪初犯从宽的规定在受指使、雇用运输毒品犯罪的死刑适用等部分作了专门强调，故在一般规定部分将其并入兜底情形。将原第七项关于毒品共同犯罪死刑适用的规定，移至该节专门予以规定。其三，关于修改的情形。《纪要》将第一项“具有自首、立功等法定从宽处罚情节的”中的“等法定从宽处罚情节”删除，主要考虑重要坦白情节已在第二项中作出规定，从犯系法定应当从宽处罚的情节，与本条可以不判处死刑的前提不对应，其他法定从宽处罚情节可以通过兜底项解决。将第二项“已查获的毒品数量未达到实际掌握的死刑数量标准，到案后坦白尚未被司法机关掌握的其他毒品犯罪，累计数量超过实际掌握的死刑数量标准的”中的“已查获”改为“已查明”。“已查明”既包括已查获毒品的情况，也包括虽未查获毒品但司法机关根据现有证据已掌握涉案毒品犯罪的情况，与下文的司法机关“尚未”掌握相对应。将第三项中毒品“含量极低”改为“纯度明显低于同类毒品正常纯度”，将该项中的毒品“可能大量掺假”改为“纯度明显偏低”，用语更加规范，涵盖范围也更广。将第4项因“特情引诱”毒品数量才达到实际掌握的死刑数量标准的表述，改为因“受隐匿身份人员引诱”，增加了“不排除”受引诱的情形，并进一步明确了原本意图实施的毒品犯罪数量未达到死刑适用标准的前提。

（4）关于死刑案件的证据要求。审理毒品死刑案件要高度重视案件证据质量，坚持证据认定的最高标准和证据审查的最严要求。毒品实物既是证实被告人实施毒品犯罪的铁证，也是量刑经得起法律和历史检验的保障。对于死刑案件，未查获毒品实物的，无法进行毒品成分和含量鉴定，难以确保涉案物品均系毒品，也不能排除毒品含量明显偏低的可能。为进一步提高毒品死刑案件证据质量，《纪要》新增了对于全案未查获毒品的，一般不判处被告人死刑的规定。规定中使用了“一般”的表述，为个别特殊案件保留了一定死刑适用空间。

2. 关于运输毒品犯罪的死刑适用

《纪要》对大连、武汉两个会议纪要中的相关规定作了整合完善，强调重申了运输毒品犯罪的严惩重点，进一步规范了受指使、雇用运输毒品犯罪的死刑适用。

（1）强调突出运输毒品犯罪的打击重点。《纪要》从犯罪性质、犯罪情节、犯罪分子类型等方面，进一步重申了运输毒品犯罪的打击重点。强调对于运输毒品犯罪，要聚焦打击锋芒，将死刑适用于其中罪行极其严重者。

（2）进一步明确了受指使、雇用运输毒品犯罪的死刑适用原则。提出了整体审视、综合考量，不搞“唯数量、数额论”的原则。即要将受指使、雇用者的运输毒品行为置于整个毒品犯罪链条中审视，充分考虑其在犯罪链条中所处的地位和实际发挥的作用，防止单纯根据运毒数量、取酬数额决定刑罚的轻重。实践中，要做到“两个区别对待”，即一方面要严格区分受指使、雇用运毒者与幕后的指使、雇用者和出资、所有者，做到区别对待；同时，也要对受指使、雇用运毒者做到进一步区别对待，确保死刑的精准适用。

（3）细化了确属受指使、雇用运输毒品可不判处死刑的情形。大连、武汉两个会议纪要对运输毒品犯罪死刑适用的规定较为原则，为回应各地进一步细化运输毒品犯罪死刑适用标准的呼声，《纪要》在总结实践经验的基础上作了列举式规定，具有较强的指导性。在所列 4 种情形中，被告人明显处于从属、辅助、被支配地位或者具有初犯等酌情从宽处罚情节，主观恶性较小，在决定死刑适用时应予区别对待。

（4）修改了对不排除受指使、雇用运输毒品的被告人不适用死刑的条件。为防止“唯数量论”，《纪要》对《武汉会议纪要》中以毒品数量是否达到巨大标准，作为此类案件判处被告人死刑的重要依据的规定，作出较大修改。根据存疑有利于被告人的原则，《纪要》规定对于不能排除受人指使、雇用运输毒品的被告人，具备上述所列 4 种情形之一的，也可以考虑不判处死刑。这样规定的主要考虑：一是“不能排除”并不是无根据的推测，同样要求有一定证据证明；二是实践中不排除受雇的情形较为普遍，而确属受雇的证明标准往往较难达到；三是两者主要是证明标准上的差异，取决于案件的客观情况，多数情况下并不以被告人的主观意志为转移。

3. 关于制造毒品犯罪的死刑适用

《大连会议纪要》对制造毒品犯罪的死刑适用和既未遂认定问题作了原则性规定。近年来，制造毒品犯罪呈现一些新特点，制造毒品半成品犯罪的死刑适用问题较为突出。《纪要》在守正的基础上，结合实践，明确了一些新的裁判规则。

（1）明确了制造毒品犯罪适用死刑的总体原则。《纪要》强调，审判时对此类源头性犯罪要充分体现从严惩处的政策要求，并首次规定了制造毒品犯罪决定适用死刑时应当综合考虑的各项因素。

（2）沿用了《大连会议纪要》关于制造毒品既遂标准的规定。为体现严惩政策导向，重申已经制出粗制毒品或者半成品的，以制造毒品罪的既遂论处。需要说明的是，审判工作中之所以要对毒品成品、半成品和粗制毒品等进行区分，主要是为了准确评价被告人的罪行严重程度和社会危害，从而准确适用刑罚。根据征求有关机构意见情况，毒品成品通常是指制造毒品过程中形成的可直接滥用的最终产物；毒品半成品通常是指制造毒品过程中形成的含有毒品成分，但尚不能直接滥用的中间产物；粗制毒品，系《大连会议纪要》提出的概念，当前司法实践中一般理解为制造毒品过程中形成的，尚不宜直接滥用，需要通过进一步加工，去除杂质、改进外观的接近毒品成品的产物。

（3）根据制出物的不同情况规定了不同的死刑适用规则。之所以作这种区分，主要考虑制造毒品案件中，制出和未制出毒品成品的案件在量刑尤其是死刑适用问题上应当有所区别。一是可以判处死刑的情形。《纪要》在《大连会议纪要》相关规定的基础上，增加了“无从宽处罚情节”的限定，更为严谨、全面。对于已制出毒品成品的案件，既包括制出成品并被现场查获的情形，也包括经查实已制出成品但因被转移或销售而未被查获的情形。但第二种情形同样受到前述“全案未查获毒品”案件死刑适用证据标准的规制。二是不得判处死刑的情形。对于仅制出毒品半成品的按照犯罪既遂论处，是司法上为了严厉打击制造毒品犯罪而作出的一种拟制性规定。没有证据证明被告人曾制出毒品成品，仅查获毒品半成品的，被告人能否制出成品以及能够制出多少成品通常处于不确定状态；无法制出毒品成品的，社会危害较制出毒品成品的也有较大差异。因此，对于仅制出毒品半成品的，即使按照犯罪既遂处理，但在死刑适用问题上却不能降格以求。实践中，对于专门制造毒品半成品进行贩卖的案件能否适用死刑，存在认识分歧。经研究认为，此类犯罪与后续制造毒品成品或者直接贩卖毒品成品的犯罪在社会危害上仍有一定区别，一般不宜直接判处死刑；但是，如果被告人与其他制造、贩卖毒品的犯罪分子构成共同犯罪，论罪应当判处死刑的，可以依法判处。三是慎用死刑的情形。即制出毒品成品数量未达到实际掌握的死刑适用数量标准，或者仅制出粗制毒品的。研究认为，查获和经查实此前制出的毒品成品数量较低的，由于社会危害相对较小，原则上不宜判处死刑；只有毒品成品达到一定数量，且半成品数量巨大、纯度较高的，才具有同等社会危害，可以考虑判处死刑。仅制出粗制毒品的，鉴于其已较为接近毒品成品，仅在品质、外观上与成品存在一定差别，与仅制出毒品半成品的案件量刑时不能等量齐观，故《纪要》保留了对仅制出粗制毒品案件适用死刑的空间。但仅制出粗制毒品的，与制出毒品成品的在社会危害的现实性、紧迫性上也有差别，故在决定死刑适用时仍应慎重。

此外，《纪要》充分吸收了大连、武汉两个会议纪要关于毒品共同犯罪、上下家犯罪和新类型毒品犯罪死刑适用的相关规定，并针对实践中反映突出的问题，作了细化、完善。

4. 关于死缓限制减刑的适用

本部分是新增规定，旨在充分运用刑罚手段惩治毒品犯罪，实现罪刑均衡、罚当其罪。从立法本意看，刑法修正案（八）是将死缓限制减刑作为死刑替代措施而设置的，主要适用于严重暴力犯罪。因此，实践中有的地方在对因毒品犯罪被判处死缓的累犯适用限制减刑的问题上畏手畏脚。但也有个别法院由于没有吃透立法精神和制度意旨，存在不恰当适用死缓限制减刑的情况。

《纪要》结合立法意旨，将武装掩护毒品犯罪、以暴力抗拒查缉情节严重、曾因暴力犯罪被判处十年有期徒刑以上刑罚 3 种具有暴力犯罪因素的情形纳入因毒品犯罪被判处死缓的累犯适用限制减刑的范围，引导各地规范适用；同时，用"等"字为诸如涉案毒品数量巨大，因量刑平衡、被告人具有从宽处罚情节等客观原因而判处死缓等情形预留了适用空间，以充分发挥其死刑替代功能。起草过程中，根据征求全国人大常委会法制工作委员会意见情况，对于被判处死缓的累犯，人民法院根据犯罪情节等情况同时决定限制减刑，属于具体法律适用问题。《纪要》规定符合刑法规定，契合立法精神。

（五）主观明知认定问题

毒品犯罪隐蔽性较强，犯罪分子往往具有较强的反侦查意识，到案后否认明知是毒品的情况时有发生，给证据审查认定带来困难。而明知与否直接关系罪与非罪的界定，是审理毒品案件需要重点审查的内容。《纪要》在吸收《大连会议纪要》等规范性文件中相关规定的基础上，对主观明知认定问题作出专节规定，明确了运用证据证明明知和运用推定认定明知的基本原则以及需要综合分析考虑的因素，并完善了推定明知的具体情形。主要有以下修改。

1. 丰富完善了运用证据证明明知的原则

《纪要》规定，对于被告人否认明知是毒品的案件，首先应当综合运用在案证据加以证明，并列举了据以判断明知的证据种类。其中，对于被告人体内或者贴身隐秘处藏匿毒品的情形，《大连会议纪要》将其作为推定明知内容加以规定，《纪要》根据实践反映，将其调整为运用证据认定明知的判断因素。

2. 对运用推定认定明知提出新要求

首先，《纪要》强调，在综合运用在案证据仍无法证明被告人明知是毒品时，才可以运用推定来认定明知，防止盲目扩大推定适用范围。其次，新增了运用推定认定明知应当注意审查反证能否成立的提示性内容，防止不当运用推定，导致认定错误。再者，首次在规范性文件中明确，对于运用推定认定明知的案件，在决定对被告人是否适用死刑时更要特别慎重，这是坚持死刑案件最高证据标准的具体体现。

3. 对推定明知的具体情形加以完善

《纪要》将《大连会议纪要》列举的 10 种情形修改整合为 8 种，特别是针对物流寄递逐渐成为毒品贩运重要方式的新特点，增加了相关内容。其中，第一项是由《大连会议纪要》第一项规定修改完善而来，增加了邮局、快递站点等场所和运输、寄递等行为方式；第二项是由《大连会议纪要》第二项、第八项规定合并而来；第三项是由《大连会议纪要》第三项规定修改完善而来，增加了藏匿、试图销毁携带的物品以及弃车逃离等行为方式；第四项是《大连会议纪要》第六项、第七项规定合并而来；第五项是《大连会议纪要》第九项规定修改完善而来，增加了采用虚假物品名称的手段和寄递的行为方式；第六项属于新规定，专门对指使、雇用他人运输毒品或者指使、雇用他人接收物流寄递毒品者的推定明知作出规定；第七项是《大连会议纪要》第五项规定修改完善而来，增加了寄递物品或者代为接收物流寄递的物品等行为方式。《纪要》起草过程中，有意见提出，将“故意销毁毒品、手机、电脑等物证”增加规定为推定明知情形。经研究，根据“故意销毁毒品”推定明知，某些情况下恐有重复推定之嫌，故仅在《纪要》

第三项中增加了“试图”销毁携带物品的规定；根据故意销毁手机、电脑等情形较难直接得出明知是毒品的推断，故未予增加。

（六）隐匿身份人员实施侦查案件的处理问题

隐匿身份人员实施侦查是刑事诉讼法明确规定的特殊侦查措施，刑事诉讼法也对其适用作出规范，包括隐匿身份人员不得诱使他人犯罪。审理隐匿身份人员实施侦查的案件，应当认真审查被告人的犯意如何产生、毒品数量如何确定以及隐匿身份人员在侦查活动中所起作用。对于存在犯罪引诱情形的，应当根据犯罪引诱的内容及后果，区分不同情形加以处理。

1. 关于不存在犯罪引诱的案件

《纪要》仍规定应依法处理，同时将《大连会议纪要》规定的“已持有毒品待售或者有证据证明已准备实施大宗毒品犯罪者”改为“有证据证明被告人正在准备或者已经着手实施毒品犯罪”，以准确界定其适用范围。

2. 关于存在犯意引诱的案件

《纪要》结合刑事诉讼法规定，修改完善了犯意引诱的含义。鉴于《大连会议纪要》对此类案件所采用的“量刑减让”救济模式，与 2012 年修正后的刑事诉讼法明确犯意引诱为非法取证手段的规定不协调，《纪要》在充分听取各方意见的基础上，改为采用排除非法证据的救济模式，同时明确规定了排除非法证据的法律后果。在排除的对象上，包括隐匿身份人员向被引诱人提供的毒品、毒资，被引诱人从隐匿身份人员提供的渠道购买的毒品以及隐匿身份人员证实被引诱人实施毒品犯罪的证据材料。排除上述证据后达不到认定被引诱人有罪的证明标准的，应当依法作出证据不足、指控的犯罪不能成立的无罪判决。鉴于“双套引诱”根据当前规定已无特殊评价意义，故不再专门规定。

3. 关于存在数量引诱的案件

《纪要》对《大连会议纪要》的规定作了修改：一是进一步规范了数量引诱的含义。二是在应当从轻处罚前增加了“一般”二字，主要考虑如果被告人原本意图实施的毒品犯罪数量已超过实际掌握的死刑适用数量标准，且论罪应处死刑的，即使其因为受到数量引诱而实施了更大数量的毒品犯罪，通常也无从轻处罚的空间。三是新增提示性规定，即对于因受“数量引诱”而实施了对应更高量刑幅度或刑种的毒品犯罪的被告人，在量刑时更应充分体现从宽。

4. 关于存在间接引诱的案件

《大连会议纪要》规定了被告人受间接引诱实施毒品犯罪案件的处理原则，但没有明确间接引诱的含义。根据征求意见情况，《纪要》首次规定了间接引诱的含义，以强化对审判实践的指导。在类型上，间接引诱应既包括犯意引诱，也包括数量引诱。人员范围方面，共同犯罪人和贩卖毒品的上下家均可以受到间接引诱。

此外，针对实践中其他不规范使用隐匿身份人员实施侦查的情形，《纪要》也作了原则性规定，系新规定。

（七）自首、立功问题

自首不仅反映出被告人良好的认罪态度，也大大节约了司法资源，对于毒品案件的侦破和证据收集认定更是具有独特的司法价值。鉴此，《纪要》规定，对自首的毒品案件被告人，一般应当依法从宽处罚；对于实践中积极响应司法机关发布的敦促投案自首通告，构成自首的被告人，应当充分考虑其投案自首行为反映出的认罪悔罪态度以及对社会和其他在逃人员的示范感召意义，给予更大幅度的从宽处罚；即使有的被告人因相关原因而未认定为自首，对其投案情节，也要尽可能地兑现政策。这有助于分化瓦解毒品犯罪分子、预防和减少毒品犯罪。

关于立功情节。《纪要》首次明确了毒品犯罪立功认定的基本原则和特殊考虑。同时，根据毒品犯罪形势发展变化，在原有的几种典型立功情形的规定中，增加了新的行为方式和内容。对于其他司法解释、规范性文件已经规定的立功情形，则不再重复列举。其中，经现场指认、辨认抓获、约至指定地点抓获其他犯罪嫌疑人（包括同案犯）构成立功的情形，均源于2010年《最高人民法院关于处理自首和立功若干具体问题的意见》的规定，《纪要》增加了通过即时视频通讯方式指认、辨认和约至指定地点的内容；配合稳控抓获的情形吸收了《大连会议纪要》的相关规定，考虑到毒品犯罪分子警惕性较高，将其约至指定地点难度较大，《纪要》明确只要能够按照司法机关安排通过打电话、发信息或即时通讯等方式稳控对方，对抓获该人员起到实质性协助作用，就可以认定构成协助抓捕型立功。同时，《纪要》根据审判实践经验，总结了可以认定为其他有利于国家和社会的突出表现，构成立功的两种情形：一是被告人到案后规劝其他犯罪嫌疑人（包括同案犯）投案的情形，主要考虑该行为体现了被告人真诚悔罪的态度和立功赎罪的意愿，对节约司法资源、高效打击犯罪的作用不小于协助抓捕行为，同时也能促使其他犯罪嫌疑人认罪，故可认定为有利于国家、社会的突出表现。二是被告人提供线索协助查获大量案外毒品的情形，主要考虑在此种情况下，被告人的行为有效防止了大量毒品流入社会、危害他人，同时也从源头上杜绝了有人继续利用该宗毒品实施犯罪的可能性，故亦可认定为有利于国家、社会的突出表现。需要注意的是，如果有证据证明被告人在实施毒品犯罪过程中藏匿毒品，到案后又带领公安机关查获其所藏匿的毒品的，不能认定为立功。

考虑到毒品案件侦查取证工作的特殊性，对于被告人提供共同犯罪人，尤其是上下家的基本情况，或者提供犯罪前、犯罪中使用、掌握的上述人员的联络方式、藏匿地址的，根据相关规定，虽不认定构成立功，但体现了被告人良好的认罪态度，且对开展延伸侦查、抓捕其他涉案人员有积极价值，故规定量刑时可酌情考虑。

关于立功情节对量刑的影响。《纪要》丰富完善了《大连会议纪要》的原有规定，新增了判断“功是否足以抵罪”的具体考量因素，即以被告人的罪行严重程度和主观恶性、人身危险性为基础，结合其立功类型、价值大小等因素综合考量。

（八）累犯、毒品再犯问题

《大连会议纪要》和《武汉会议纪要》对累犯和毒品再犯问题已有较为详细的规定，《纪要》在以往两个会议纪要规定基础上，作了进一步补充和完善。

第一，为弥补原有规定关于再犯成立时段的缺漏，增加了“赦免后”和“缓刑考验期满后”的内容。需要说明的是，因走私、贩卖、运输、制造、非法持有毒品罪被判过刑，在服刑期间又实施毒品犯罪的，也应认定为毒品再犯，但该情况较为少见，不具有典型性，故未作明确规定。

第二，新增了累犯和毒品再犯竞合的情形。《武汉会议纪要》规定了因同一毒品犯罪前科和因不同犯罪前科同时构成累犯和毒品再犯的两种竞合情形。《纪要》新增了因不同现行犯罪分别构成累犯和毒品再犯的情形。累犯和毒品再犯是不同的法定从重处罚情节，成立条件不同，从重处罚幅度也存在差异。根据2021年《最高人民法院、最高人民检察院关于常见犯罪的量刑指导意见（试行）》（以下简称《量刑指导意见》），对于累犯应增加基准刑的10%~40%，对于毒品再犯应增加基准刑的10%~30%。《纪要》考虑被告人具有不同犯罪前科或者同时犯数罪的情况，区分累犯与毒品再犯竞合的三种情形，规定分别适用不同的从重处罚规则。对于因不同现行犯罪分别构成累犯和毒品再犯的情形，《纪要》规定，应当对其所犯各罪分别从重处罚后再依法数罪并罚。有意见提出，累犯和再犯是对人的评价，而不是对罪的评价，被告人因不同现行犯罪分别构成累犯和毒品再犯的，不能对不同犯罪分别从重处罚，而应对被告人在数罪并罚决定执行的刑罚时总体从重处罚。经征求意见并认真研究，《纪要》规定符合《量刑指导意见》的规定，即先适用量刑情节确定各罪应当判处的刑罚，再依法数罪并罚。

（九）涉案财物处理、财产刑适用问题

毒品犯罪的暴利性是导致毒品案件高发的重要原因之一。依法追缴毒品犯罪的违法所得及其收益，充分适用财产刑，是惩治毒品犯罪分子、遏制毒品犯罪的重要手段。《纪要》重申了应充分运用经济手段制裁毒品犯罪的指导思想，在整合《大连会议纪要》《武汉会议纪要》等相关规定的基础上，对原有规定作出较大的增补和调整，目的在于切实加大对毒品犯罪的经济制裁力度，实现涉案财物依法处理、财产刑量刑规范、执行到位。修改补充的主要内容包括以下几个方面。

第一，对涉案财物处理、财产刑适用提出更加严格的工作要求。一方面，要求加强证据收集、审查，在做好涉毒资产审查认定工作的基础上，依法追缴犯罪分子的违法所得及其收益；另一方面，要求充分适用财产刑并加大执行力度，确保财产刑与主刑及被告人的犯罪性质、情节、获利程度等相匹配，不能因为被告人没有财产或者其财产难以查清、难以分割、难以执行就不判处财产刑，也不能因此判处与主刑不相匹配的财产刑。

第二，依法扩大了涉毒资产的追缴范围。根据刑事诉讼法司法解释等相关规定，明确对于被告人将依法应当追缴的毒品犯罪涉案财物用于投资、置业，因此形成的财产及其收益；或者将依法应当追缴的毒品犯罪涉案财物与其他合法财产共同用于投资、置业，因此形成的财产中与涉案财物对应的份额及其收益，均应予以追缴。

第三，根据反有组织犯罪法，对有组织毒品犯罪的涉案财产等值没收、认定违法所得的“高度可能”证明标准问题作出规定，旨在依法严惩操纵、经营涉毒活动的黑社会性质组织、恶势力组织及毒黑交织的

犯罪团伙等，强化对其经济制裁。

第四，根据刑事诉讼法、刑事诉讼法司法解释及2017年《最高人民法院、最高人民检察院关于适用犯罪嫌疑人、被告人逃匿、死亡案件违法所得没收程序若干问题的规定》，对重大毒品犯罪案件犯罪嫌疑人、被告人逃匿、死亡情况下，违法所得没收程序的适用及认定违法所得的“高度可能”证明标准问题作出规定。

（十）管辖问题

管辖问题部分，《纪要》对《大连会议纪要》的相关规定作了较大补充完善，主要包括两部分内容。

1. 新增了关于网络涉毒犯罪管辖问题的规定

《纪要》针对当前网络涉毒犯罪的新形势，根据刑事诉讼法司法解释第二条的相关规定，结合毒品犯罪特点，新增了对此类案件管辖的补充性规定。其中，被害人使用的信息网络系统所在地主要适用于引诱、教唆、欺骗他人吸毒罪。

2. 对关联案件的并案审理作了更为体系化的规定

其一，根据毒品犯罪的特殊性，明确规定对于共同犯罪、上下家犯罪等应当并案审理，旨在通过一体打击，确保量刑均衡、涉毒资产追缴到位。同时，从有利于查明案件事实的角度，规定了其他关联犯罪可以并案审理的情形。其二，根据刑事诉讼法司法解释第二百二十条第二款，规定检察机关分案起诉的毒品共同犯罪或者关联犯罪案件，在符合相关条件的情况下，人民法院可以决定并案审理。其三，对《武汉会议纪要》关于分案审理的规定作了一定修改，将前提设置为因客观原因分案审理且无法并案的情形，同时根据刑事诉讼法司法解释第二百二十条第一款的规定，提示分案审理不得影响当事人质证权等诉讼权利的行使。例如，对于分案审理的共同犯罪案件，即使同犯罪人因相关原因确实无法出庭，也应对其供述和辩解进行举证、质证，而不能仅质证另案裁判文书。

（十一）其他问题

关于减刑、假释问题。《纪要》参考2016年《最高人民法院关于办理减刑、假释案件具体应用法律的规定》和2021年《最高人民法院、最高人民检察院、公安部、司法部关于加强减刑、假释案件实质化审理的意见》的相关规定，对《武汉会议纪要》中应当控制减刑的毒品罪犯的范围作了修改，增加了毒品犯罪集团首要分子，删除了毒枭、职业毒犯的表述；同时，明确规定对于确有履行能力而不履行或者不全部履行生效裁判中财产性判项的毒品罪犯，一般不认定其确有悔改表现。

关于特定人员参与毒品犯罪问题。《纪要》根据宽严相济刑事政策的要求，对组织、利用特定人员实施毒品犯罪的情形和特定人员被利用、诱骗参与毒品犯罪的情形，作了区别对待，要求对前者予以严惩。同时，针对实践中部分特定人员积极、反复实施毒品犯罪的情况，新增对于专门利用自身特殊身体状况积极实施毒品犯罪，或者曾在取保候审、监视居住或者暂予监外执行期间又实施毒品犯罪的特定人员，应当从严适用非羁押性强制措施和暂予监外执行的规定。

（来源：《法律适用》2023年第10期）

最高人民检察院

关于印发《关于依法惩治和预防民营企业内部人员侵害民营企业合法权益犯罪、为民营经济发展营造良好法治环境的意见》的通知

（2023 年 7 月 26 日）

各省、自治区、直辖市人民检察院，解放军军事检察院，新疆生产建设兵团人民检察院：

为深入贯彻党的二十大精神，全面贯彻习近平经济思想、习近平法治思想，认真落实《中共中央　国务院关于促进民营经济发展壮大的意见》，以高质效检察履职助力优化民营经济发展环境，依法保护民营企业产权和企业家权益，促进民营经济发展壮大，最高人民检察院研究制定了《关于依法惩治和预防民营企业内部人员侵害民营企业合法权益犯罪、为民营经济发展营造良好法治环境的意见》。现印发你们，请结合实际贯彻落实。各地要加强培训指导，切实提高办案质效，平等保护民营经济合法权益。

关于依法惩治和预防民营企业内部人员侵害民营企业合法权益犯罪为民营经济发展营造良好法治环境的意见

为深入贯彻党的二十大精神，全面贯彻习近平经济思想、习近平法治思想，认真落实《中共中央　国务院关于促进民营经济发展壮大的意见》，积极回应企业家关切，以高质效检察履职助力优化民营经济发展环境，依法保护民营企业产权和企业家权益，促进民营经济发展壮大，现就检察机关依法保护民营企业合法权益，惩治和预防侵害民营企业利益的民营企业内部人员犯罪，营造良好法治环境，提出如下意见。

一、基本要求

1. 深入贯彻党中央决策部署，把依法惩治和预防民营企业内部人员犯罪作为依法保护民营企业合法权益的重要内容。党的十八大以来，以习近平同志为核心的党中央高度重视民营经济健康发展、高质量发展，习近平总书记作出一系列重要指示批示，突出强调“两个毫不动摇”“三个没有变”“两个健康”。党的二十大报告明确要求：“优化民营企业发展环境，依法保护民营企业产权和企业家权益，促进民营经济发展壮大。”民营企业内部人员，特别是民营企业高管、财务、采购、销售、技术等关键岗位人员犯罪，不仅严重损害民营企业合法权益，影响民营企业核心竞争力和创新发展，而且扰乱公平竞争市场秩序，破坏民营企业发展环境。各级检察机关要深入贯彻党中央决策部署，把平等对待、平等保护的要求落实到履职办案中，助力营造市场化、法治化、国际化营商环境。坚持标本兼治，既要依法惩治民营企业内部人员犯罪，又要在办案中依法保障企业正常生产经营活动，帮助民营企业去疴除弊、完善内部治理。

2. 依法惩治影响民营企业健康发展的民营企业内部人员犯罪。依法加大对民营企业内部人员实施的职务侵占、挪用资金、受贿等腐败行为的惩处力度。推动健全涉案财物追缴处置机制，为涉案民营企业挽回损失。结合办案，推动民营企业腐败源头治理。对民营企业内部人员利用职务便利，非法经营同类营业、为亲友非法牟利和徇私舞弊低价折股、出售企业资产等行为，要依法处理。严厉打击影响企业创新发展的民营企业关键技术岗位、管理岗位人员侵犯商业秘密、商标权、著作权等犯罪。办理上述案件过程中，发现行贿、对非国家工作人员行贿等犯罪线索的，要依法及时移送监察机关、公安机关。办理案件时，要防止以刑事手段插手经济纠纷，对因股权纠纷、债务纠纷等经济纠纷引发的案件，要准确把握罪与非罪的界限。

3. 坚持公正司法，全面准确贯彻宽严相济刑事政策。坚持严格依法办案、公正司法，综合考虑主观恶性、犯罪性质情节、认罪认罚情况、退赃退赔情况、与被害企业和解等因素，全面准确贯彻落实宽严相济刑事政策，做到依法该严则严、当宽则宽。对于主观恶性大、情节恶劣的犯罪嫌疑人、被告人，应当依法从严处理；对于认罪认罚、主观恶性不大、情节较轻的人员，依法从宽处理。

二、高质效履行检察职责，确保政治效果、法律效果、社会效果有机统一

4. 加强立案监督。结合民营企业内部人员犯罪案件特点，会同公安机关进一步明确职务侵占、挪用资金、侵犯商业秘密等常见犯罪立案标准，健全涉民营企业案件立案审查机制，防止应当立案而不立案。充分发挥侦查监督与协作配合机制作用，加强侵害民营企业利益的民营企业内部人员犯罪案件信息共享，对公安机关应当立案而不立案问题依法进行监督。检察机关接到报案、控告、举报或者在工作中发现监督线索，要依法及时开展调查核实工作；需要监督纠正的，依法向公安机关

提出监督意见。对监督立案案件，注重跟踪问效，防止立而不查。探索利用大数据法律监督模型，破解“立案难”问题。

5. 准确把握审查逮捕标准。准确把握逮捕的证据条件、刑罚条件和社会危险性条件，对符合逮捕条件的依法批准逮捕，防止以起诉条件替代逮捕条件；对没有逮捕必要的，依法作出不批准逮捕决定。对关键技术岗位人员，要根据案情、结合企业生产经营需求依法判断是否有逮捕必要性。用好引导取证、退回补充侦查、自行侦查等措施，加强对民营企业内部人员犯罪案件证据收集的引导工作。对不符合逮捕条件但有补充侦查必要的，应当列明补充侦查提纲。对于犯罪嫌疑人在取保候审期间有实施毁灭、伪造证据，串供或者干扰证人作证，足以影响侦查、审查起诉工作正常进行的行为的，依法予以逮捕。

6. 准确把握起诉标准。坚持罪刑法定、罪责刑相适应和法律面前人人平等等原则，依照法律规定和法定程序准确适用起诉和不起诉。犯罪行为本身性质、社会危害与犯罪嫌疑人的主观恶性是决定诉与不诉的基本依据；认罪认罚、赔偿谅解、被害企业态度等是在确定行为性质与主观恶性后，案件处于可诉可不诉情形时，需要予以充分考量的因素。在查明案件事实、情节的基础上，结合案件具体情况和公共利益考量等因素，对起诉必要性进行审查。对于符合法定条件、没有起诉必要的，依法作出不起诉决定。

7. 加强追赃挽损工作。充分运用认罪认罚从宽制度，督促引导犯罪嫌疑人、被告人退赃退赔，积极帮助被害企业挽回损失。注重依法提出财产刑方面的量刑建议，加大对刑事裁判涉财产部分执行监督，不让犯罪嫌疑人、被告人从侵害民营企业利益案件中得到任何好处。

8. 加强行政执法与刑事司法的有效衔接。加强与市场监管部门、知识产权主管部门等行政执法机关的工作衔接，依法监督有关行政执法机关及时向公安机关移送在执法过程中发现的涉嫌非国家工作人员受贿、对非国家工作人员行贿、侵犯知识产权等犯罪线索。对于行政机关移送立案侦查的案件，加强立案监督。检察机关作出不起诉的案件，需要给予行政处罚的，依法向有关行政机关提出检察意见。

三、推动完善立法及司法解释，为民营经济健康发展提供更加有力的法治保障

9. 推动完善相关立法。结合案件办理，深入调研刑事立法、司法等方面存在的民营企业平等保护落实不到位的突出问题，积极提出立法建议，推动就依法惩治民营企业内部人员犯罪问题修改法律，在法律上体现平等保护的要求。

10. 及时出台相关司法解释。会同最高人民法院研究制定办理非国家工作人员受贿、职务侵占等刑事案件适用法律的司法解释，对司法实践中办理民营企业内部人员相关犯罪案件的法律适用、定罪量刑标准、法定从宽从严情形的认定、此罪与彼罪的界限以及宽严相济刑事政策的把握等问题予以明确，统一司法标准。

四、加强法治宣传，促进企业加强自身合规建设

11. 引导促进民营企业自主加强合规建设。针对民营企业内部人员犯罪案件中反映出的内部管理问题，通过制发检察建议等方式促进源头治理，帮助企业查缺补漏、建章立制、加强管理，推动建立现代企业制度。会同工商联等鼓励、引导民营企业自主加强合规建设，把廉洁经营作为合规建设重要内容，出台企业廉洁合规指引与建设标准，落实内部监督检查制度，对人财物和基建、采购、销售等重点部门、重点环节、重点人员实施财务审核、检查、审计，及时发现和预防违法犯罪问题，推动建设法治民营企业、清廉民营企业。

12. 创新开展犯罪预防工作。加强与各级工商联以及行业协会、商会等单位合作，根据不同类型民营企业内部人员犯罪的发案特点，有针对性加强犯罪预防工作。通过发布典型案例，举办“检察开放日”、常

态化开展检察官巡讲、巡展等法治宣传教育，加大以案释法力度。通过公开送达法律文书、邀请参加典型案件庭审观摩等方式，引导民营企业内部人员增强法治意识、廉洁意识、底线意识。充分利用检察机关新媒体平台，持续宣传依法平等保护民营经济的理念、做法、成效，促进凝聚社会共识。

依法惩治和预防民营企业内部人员犯罪 全面构建服务民营经济刑事司法保护体系

——最高人民检察院关于发布《关于依法惩治和预防民营企业内部人员侵害民营企业合法权益犯罪、为民营经济发展营造良好法治环境的意见》的情况通报

为深入贯彻党的二十大精神，全面贯彻习近平经济思想、习近平法治思想，认真落实《中共中央　国务院关于促进民营经济发展壮大的意见》，以高质效检察履职助力优化民营经济发展环境，依法保护民营企业产权和企业家权益，促进民营经济发展壮大，针对民营企业普遍反映的企业内部人员侵害民营企业合法权益犯罪多发问题，最高人民检察院专门研究制定了《关于依法惩治和预防民营企业内部人员侵害民营企业合法权益犯罪、为民营经济发展营造良好法治环境的意见》（以下简称《意见》），现予公开发布。下面就制发《意见》的主要考虑和重点问题作一简要说明。

一、制发《意见》的主要考虑

非公有制经济是我国社会主义市场经济的重要组成部分。以习近平同志为核心的党中央高度重视民营经济健康发展，突出强调“两个毫不动摇”“三个没有变”“两个健康”。党的二十大报告明确要求“优化民营企业发展环境，依法保护民营企业产权和企业家权益，促进民营经济发展壮大”。《中共中央　国务院关于促进民营经济发展壮大的意见》明确提出“引导民营企业通过自身改革发展、合规经营、转型升级不断提升发展质量，促进民营经济做大做优做强”。从检察办案和调研情况看，在民营企业合法权益保障方面反映较多的有三类问题：一是以刑事手段插手经济纠纷，对民营企业或者民营企业家违法立案，违法查封、扣押、冻结民营企业财物等问题；二是涉刑事犯罪的民营企业如何维持正常生产经营的问题；三是民营企业内部人员，特别是民营企业高管、财务、采购、销售、技术等关键岗位人员侵害民营企业合法权益犯罪得不到及时有力惩治的问题。依法保障民营企业合法权益是检察机关的重要职责，最高人民检察院一直高度重视，近年来出台了一系列保护民营企业合法权益的检察制度、举措，比如，依法纠正涉企业产权保护冤错案件、开展涉民营企业刑事诉讼“挂案”专项清理、开展涉非公经济案件立案监督专项活动，积极探索推进涉案企业合规改革试点等。这些制度、举措更多关注前两类问题，对于民营企业内部人员犯罪问题关注不够，立案难、查办难、预防难等问题成为许多民营企业关注的焦点，也是当前检察工作中需要着力破解的重点问题。

民营企业内部人员犯罪严重损害民营企业合法权益，影响民营企业核心竞争力和创新发展，扰乱公平竞争市场秩序，破坏民营企业发展环境，有必要依法惩治、积极预防。此次发布的《意见》，要求各级检察机关把依法惩治和预防民营企业内部人员犯罪作为依法保护民营企业合法权益的重要内容，通过高质效履行检察职责，在依法惩治犯罪的同时，更好地帮助企业去疴除弊、完善内部治理。

这项工作与检察机关已经开展的防止以刑事手段插手经济纠纷、涉案企业合规改革等相关工作在理念、方向、目标上都是一致的，都是要为促进民营经济发展营造更好的法治环境。我们将持续落实保护民营经济的各项检察举措，努力全面构建服务民营经济刑事司法保护体系。

二、《意见》的重点问题

《意见》共四部分 12 条，既对检察履职提出具体要求，又明确需要进一步研究完善的制度机制。在适用《意见》时，要准确把握《意见》的基本要求、适用的案件范围，以正确理念指导办案工作，与防止以刑事手段插手经济纠纷、涉案企业合规改革等措施一起构建服务民营经济立法化刑事司法保护体系。

一是全面、准确把握办案基本要求。《意见》主要适用于民营企业内部人员侵害民营企业合法权益犯罪，是检察机关服务保障民营经济健康发展的一个方面举措。针对办理此类案件中普遍存在的问题和困难，检察机关要依法履行检察职责，做到既无不及，又无过度。要落实对国企民企平等对待、平等保护的要求，不能简单地把民营企业内部人员犯罪当作民营企业的"家事"，从理念、制度、措施上重视起来。要坚持严格依法办案、公正司法，全面准确贯彻落实宽严相济刑事政策，不能违背公平正义搞"一刀切"。要尊重民营企业的意志，妥善把握刑事介入与企业自主调节的界限，重点解决民营企业报案立案难、查办难等问题，不过度介入民营企业经营活动，不能以保护民营企业利益为名干扰企业正常生产经营。要依法严格区分经济纠纷与刑事犯罪，特别是对因股权纠纷、债务纠纷等引发的案件，要善于从实质法律关系中判断罪与非罪。

二是高质效履行各项检察职责。《意见》以高质效办好每一个案件为基本价值追求，重点针对一些检察人员对办理民营企业内部人员犯罪案件思想上不重视、履职上不到位等问题，进一步明确各个检察环节的职责任务和工作要求，引导督促办案人员转变观念，依法履行好法律赋予的各项职责。要更好履行立案监督职责，对民营企业报案的内部人员犯罪案件应当立案而不立案的，加强法律监督。要依法准确把握逮捕、起诉标准，对符合逮捕条件的应当逮捕，特别是要正确认识逮捕措施对于保障刑事诉讼顺利进行的作用，不能以起诉条件替代逮捕条件；准确适用起诉和不起诉，针对起诉裁量权行使中的问题，《意见》细化了审查判断起诉必要性的方法。要把追赃挽损工作贯穿办案全过程，不让犯罪人员从侵害民营企业合法权益中得到任何好处。要加强行政执法与刑事司法的有效衔接，形成惩治民营企业内部人员犯罪的工作合力。同时，最高人民检察院将结合调研进一步加强民营企业合法权益保障相关司法解释和立法建议工作，夯实法治保障。

三是创新举措共同加强犯罪预防。保护民营企业的合法权益，关键在预防。这既是司法机关的责任，也是民营企业自身的责任。从检察办案情况看，内部人员犯罪案件背后都不同程度地存在公司治理体系不健全、财务管理混乱、内部防范机制缺失、从业人员法治观念淡薄等问题，有的问题还直接影响到侦查取证和案件性质的判断。民营企业加强自身合规建设，完善防范内部人员犯罪的制度机制，是从源头上保护自身合法权益的根本举措。《意见》要求各级检察机关结合办案积极采取措施，引导促进民营企业自主加强合规建设，建立现代企业制度，增强从业人员的法治意识、廉洁意识、底线意识。在此，我们希望广大民营企业主动加强犯罪预防，不要等遭受损失后再“亡羊补牢”。

民营企业内部人员犯罪案件所涉法律关系、事实证据、利益冲突较为复杂，《意见》下发后，我们将进一步加强培训指导，切实提高办案质效。欢迎民营企业提出意见建议，帮助检察机关不断完善保护民营企业合法权益的检察举措，共同为促进民营经济发展壮大营造良好法治环境。

最高人民检察院办公厅　公安部办公厅
中国海警局执法部

关于印发《办理海上涉砂刑事案件证据指引》的通知

（2023 年 10 月 23 日）

各省、自治区、直辖市人民检察院、公安厅（局），新疆生产建设兵团人民检察院、公安局，中国海警局各分局、直属局，沿海省、自治区、直辖市海警局：

为深入贯彻党的二十大精神，认真落实习近平总书记关于海洋生态文明建设的重要指示精神，加强推进海洋法治建设，依法严厉打击海上涉砂违法犯罪行为，进一步规范涉砂类案件办理工作并提高办案质效，最高人民检察院、公安部、中国海警局在深入调查研究、广泛征求意见的基础上，共同制定了《办理海上涉砂刑事案件证据指引》。现印发给你们，请认真组织学习，结合实际参照适用。

具体办案过程中，各级检察机关、公安机关和海警机构要充分发挥职能作用，加强协作配合，形成打击合力。侦查机关侦办涉砂刑事案件时要加强串并、研判，注重深挖彻查，依法收集、固定、完善相关证据，依法提请批准逮捕、移送审查起诉，不断提升办案质量。检察机关对侦查机关提请批准逮捕、移送审查起诉的案件，要全面客观审查事实和证据，依法作出决定。

办理海上涉砂刑事案件证据指引

为依法严厉打击海上涉砂违法犯罪活动，规范盗采海砂犯罪案件和相关掩饰、隐瞒犯罪所得案件办理工作，确保案件办案质效，根据有关法律规定，结合办理涉砂类案件执法、司法实践，现就海上涉砂类犯罪常见多发的非法采矿罪和掩饰、隐瞒犯罪所得罪案件证据问题，制定本指引。

一、基本原则

检察机关、侦查机关要坚持严格依法办案，强化证据意识和程序意识，严格落实证据裁判、程序公正等法律原则，统一执法司法标准，确保办案质量和办案效率相统一。

（一）证据裁判原则

要将证据作为事实认定和法律适用的基础，以事实为根据、以法律为准绳，认定犯罪的事实和情节都应当有相应证据证明，无证据证明的事实和情节不得认定。

（二）全面客观原则

要全面客观收集、提取、移送、审查与案件定罪量刑有关的证据材料，包括证明犯罪嫌疑人、被告人有罪、罪重的证据以及证明犯罪嫌疑人、被告人无罪、罪轻的证据，不得选择性取证和选择性移送。

（三）依法规范原则

要合法、科学、规范地收集、固定、审查、运用证据，依法规范适用查封、扣押、冻结等措施，严禁刑讯逼供和以威胁、引诱、欺骗等非法手段收集证据，不得隐瞒证据和伪造证据。

（四）权利保障原则

要充分保障犯罪嫌疑人、被告人及其他诉讼参与人依法享有的辩护权和其他诉讼权利，确保司法公正。

二、证明犯罪客体方面的证据

（一）非法采矿罪

盗采海砂犯罪案件侵犯的客体为海砂开采的管理秩序、国家对海砂资源享有的所有权以及海洋生态环境等，应当重点收集以下证据：

1. 相关矿产资源主管机关出具的批准文件或情况说明，证明涉案主体是否具有采砂资格、海域使用权等；

2. 涉案企业营业执照、经营许可证以及相关工程施工批准文件、有关施工范围的设计方案等，证明犯罪嫌疑人、被告人是否明知公司有无相关采砂资格、是否超过经营范围、是否以合法形式掩盖非法目的变相采砂；

3. 相关矿产资源主管部门出具的行政处罚决定书等，证明犯罪嫌疑人、被告人的行为被行政机关作出否定性认定。

（二）掩饰、隐瞒犯罪所得罪

掩饰、隐瞒犯罪所得案件侵犯的客体为正常的司法办案秩序，应当重点收集以下证据：

1. 涉案海砂情况，包含数量、价值、特征等；

2. 涉案海砂非法占有情况，包含占有的时间、地点以及来源、流向等。

三、证明犯罪客观方面的证据

（一）非法采矿罪

盗采海砂犯罪案件在客观方面表现为违反矿产资源法的规定，未取得海砂开采海域使用权证和采矿许可证擅自采矿，且情节严重，应证明犯罪嫌疑人、被告人在客观上实施了盗采的行为，盗采的对象是非法开采的海砂以及盗采的价值达到“情节严重”的标准，应当重点收集以下证据：

1. 证明盗采经过的客观证据

①侦查机关海上查缉时需摄录查缉过程视频，并对视频内容进行相应说明；

②调取现场相关视频，包括船载监控录像、码头监控录像及周边的视频监控资料或无人机侦查拍摄的视频资料；

③侦查机关查缉时需全面搜查涉案船舶、犯罪嫌疑人的住所、车辆等相关场所，制作《搜查笔录》和查封、扣押清单；

④扣押航海日志、船上通讯导航设备等，证明涉案船舶航行中所处的位置、停留时长、航向、航速及机器运转、船上货物的装卸等情况；

⑤调取采（运）砂船进出港记录、船舶轨迹图及经纬度标识图，证明犯罪嫌疑人、被告人行为轨迹及相关盗采、运输的区域等与案件管辖相关的证据；

⑥扣押电脑、U 盘、网络存储器等可能存储犯罪证据的电子设备；

⑦扣押涉案船舶、船舶证件，船舶买卖、租赁合同等，并向船舶主管机关调取船舶登记情况、相关船舶证书等证明材料，特别是应对涉案船舶的犯罪性、关联性、功能性方面进行取证，为认定涉案财物是否属于作案工具提供依据；

⑧扣押涉案人员的手机，依法进行手机电子数据的提取、固定及电

子数据恢复工作，调取其中能够证明相关犯罪事实的通话记录、短信记录、微信聊天记录等通讯信息；

⑨调取涉案人员的支付宝、微信、银行卡等资金账户的资金交易明细、海砂销售账本、账单等，证明盗采海砂的去处以及盗采价值等事实；

⑩扣押赃物海砂、扣押或冻结涉案人员的银行账户内涉案款项或相关现金等赃款，证明盗采海砂的价值及销赃获利情况；

现场勘验、检查等笔录，包括但不限于涉案船舶勘验、检查笔录、案发地点勘验、检查笔录、涉案海砂提取或扣押笔录。相关笔录记录内容应当详实、人员签字齐全，其中涉案海砂提取或扣押笔录要针对每条船分别提取、扣押样本，禁止让船员帮忙取样，抽取样本现场封存编号、称重，并及时移送进行砂石性质鉴定。

2. 证明盗采经过的言词证据

（1）犯罪嫌疑人的供述和辩解，包括但不限于股东、船主、中介、业务员、船长、船上负责人员、其他担任一定职务的船员、上游出售海砂人员、下游知情购买海砂人员的供述与辩解，涉嫌单位犯罪的，还应包括单位主管人员的供述与辩解等。侦查机关在押解途中应当采取必要措施，防止犯罪嫌疑人串供，待到达执法办案场所后开展全面深入细致的调查取证工作。在讯问过程中，要注意讯问以下内容：

①问明犯罪嫌疑人主观故意情况，实施犯罪行为的主观心态以及对犯罪后果的认识程度，包括作案的动机、目的等主观情况；

②问明共同犯罪情况，包括共同犯罪嫌疑人（出资者、组织者、主要实施者）的基本情况、组织架构，“采、运、销”各个环节的连接和实施方式，各个环节共同犯罪的起意、预谋、分工、实施、分赃等情况，每个犯罪嫌疑人在共同犯罪中的地位和作用；

③问明非法“采、运、销”海砂的详细经过，包括时间、地点、关系人、次数、采运砂量、现场环境、运输路线、起止时间、实施方

式、使用工具等；

④问明所采海砂的销售渠道、获利情况、结算方式、资金账目往来数量、方式，赃款的流向；

⑤问明涉案船舶的特征、数量、来源、登记、实际权属和改装等情况；

⑥问明采矿许可证、开采海域使用权证等证件是否齐全，采矿证规定的开采时间、期限、地点、数量等情况；

⑦问明犯罪嫌疑人的采矿从业经历，对办理海域使用权证和采矿许可证等手续的知晓程度、参与涉砂违法犯罪活动和受行政处罚次数；

⑧问明是否存在知情人、关系人等证人；

⑨问明阻碍执法部门执行公务的情况；

⑩犯罪嫌疑人的其他供述或辩解。

（2）证人证言，包括但不限于一般船员、下游不知情收购海砂人员、购买运输保管过程中的工作人员、财务人员、亲属、朋友等知情人员、举报人员、海上执法人员等证言。在询问过程中，要注意询问以下内容：

①问明“采、运、销”各个环节的作案动机、时间、地点、人物、实施方式、次数、数量的详细经过；

②问明何时、何地、何人实施“采、运、销”等环节犯罪的详细经过；

③问明船舶买卖、租赁的情况；

④问明犯罪嫌疑人逃避监管和处罚的情况；

⑤其他需要了解的情况。

3. 证明盗采犯罪数额和生态环境损害后果的证据

对于涉案海砂价值，有销赃数额的，一般根据销赃数额认定；对于无销赃数额，销赃数额难以查证，或者根据销赃数额认定明显不合理的，根据海砂市场交易价格和数量认定，应当重点收集以下证据：

①对涉案砂石性质委托相关部门进行鉴定或认定，证明犯罪嫌疑人、被告人盗采的系海砂及海砂的成分；

②侦查机关要及时查扣盗采的海砂实物，对查获的海砂进行称重，根据运输船只的吃水线或者其他有资质的第三方鉴定机构称重结果认定海砂的重量，称量过程需要同步录音录像并随案移送光盘；

③对犯罪嫌疑人、被告人的微信、支付宝、银行卡交易明细、相关账本等客观证据进行梳理，全面查清以往盗采海砂的吨数和销售价值，相关成本不予扣除；

④对尚未销赃的海砂，委托当地政府相关部门所属价格认证机构进行海砂价格认定，或者委托省级以上人民政府自然资源、水行政、海洋等主管部门出具报告，并结合其他证据作出认定。认定时，以盗采行为终了时或者采挖期间当地海砂平均市场价格为基准；

⑤查证的海砂盗采重量和销赃数额或者价格认定结论要交由犯罪嫌疑人、被告人及相关证人确认；

⑥涉嫌犯罪的生态环境损害赔偿案件、刑事附带民事公益诉讼案件中，行政主管部门、检察机关可商请侦查机关依据《生态环境损害赔偿管理规定》第十九条等规定，提供其在办理涉嫌破坏海砂资源犯罪案件时委托相关机构或者专家出具的鉴定意见、鉴定评估报告、专家意见等，并承担相关费用。

（二）掩饰、隐瞒犯罪所得罪

掩饰、隐瞒犯罪所得案件在客观方面表现为实施了窝藏、转移、收购、代为销售等掩饰、隐瞒行为，应当重点收集以下证据：

1. 证明上游犯罪事实成立的证据

2. 证明窝藏、转移、收购、代为销售或以其他方法掩饰、隐瞒犯罪所得的证据

①上游犯罪嫌疑人的供述和辩解、本罪犯罪嫌疑人的供述和辩解以及相关证人证言，证明犯罪所得的来源、种类、特征、数量等；

②微信、支付宝、银行卡交易明细、现金、买卖合同等，证明上、下游犯罪嫌疑人、被告人非法交易海砂资金往来的金额、数量等情况；

③对于犯罪嫌疑人、被告人辩解与上游犯罪嫌疑人、被告人存在合法经济往来的，应重点审查双方是否存在买卖合同、借款收据等经济往来的基础，以及相关资金交易记录是否具有明确的指向性和连续性；

④发现赃款、赃物等犯罪所得现场的勘验、检查笔录，扣押物品清单，起赃、收缴、返赃、退赃笔录等。

四、证明犯罪主观方面的证据

（一）非法采矿罪

在盗采海砂犯罪案件中认定犯罪主体的主观故意时，原则上只要求犯罪嫌疑人、被告人知道或者应当知道自己未取得海砂开采海域使用权证和采矿许可证等相关许可，或者未办理涉海建设项目产生剩余海砂销售有关手续。

事先与采砂者约定运输、过驳、收购海砂，属于事前共谋，构成非法采矿罪的共犯，还需查明共谋的情况。

虽未与采砂者事前共谋，但明知采砂行为正在进行，仍实施过驳和运输行为的，亦属于非法采矿的共犯。

证明非法采矿罪的主观故意，应当重点收集以下证据：

1. 全案犯罪嫌疑人的供述和辩解，讯问其职业经历、专业背景、培训经历等背景资料，以及组织者是否要求在被侦查机关或者相关行政

主管部门查获时统一对外口径、不作如实供述的情形；

2. 相关证人证言以及执法人员出具的关于犯罪嫌疑人是否存在逃避检查的情况说明；

3. 船舶轨迹、航海日志，审查涉案船舶航行情况，是否存在关闭、毁弃船舶自动识别系统或者船舶上有多套船舶自动识别系统；

4. 海事局出具的船只进出港口报港记录，审查其是否存在进出港未申报或进行虚假申报；

5. 船舶有关证件材料，审查船舶系内河船舶还是海上船舶；

6. 船舶的过往运输业务记录及处罚记录，证明过往是否有运输海砂的行为；

7. 审查海砂交易价格是否异常，相关劳动报酬是否异常高于同工种正常劳动报酬；

8. 无法提供相关许可证、拍卖手续、合同等文件资料；

9. 与涉案行为有关联性的前科劣迹证据，如行政处罚决定书、刑事判决书等；

10. 微信等网络软件聊天记录等电子数据。

（二）掩饰、隐瞒犯罪所得罪

对于事前无共谋或者采砂行为已经结束后实施运输、过驳、收购的犯罪嫌疑人、被告人，需证明其明知系非法采挖的海砂，应当重点收集以下证据：

1. 犯罪嫌疑人的供述和辩解，重点讯问其对涉案砂石来源的明知情况，包括但不限于“看到吸砂船吸砂后直接装载”“他人告知系海砂”“与他人讨论系海砂”等供述；

2. 相关证人证言，重点询问其对涉案砂石来源的明知情况，包括但不限于“看到吸砂船吸砂后直接装载”“他人告知系海砂”“与他人讨论系海砂”等证言；

3. 微信、支付宝、银行交易明细等账目；

4. 虚假购销合同等证明文件；

5. 执法人员出具的关于犯罪嫌疑人是否存在逃避检查的情况说明。

6. 与涉案行为有关联性的前科劣迹证据，如行政处罚决定书、刑事判决书等；

7. 微信等网络软件聊天记录等电子数据。

五、证明犯罪主体方面的证据

盗采海砂犯罪案件和掩饰、隐瞒犯罪所得案件的主体均为一般主体，包括已满16周岁，且具备完全刑事责任能力的自然人和单位。准确区分单位犯罪和自然人犯罪，应当重点收集以下证据：

（一）对于自然人主体

1. 户籍所在地公安机关出具的户籍证明材料，应附免冠照片以及同户家庭成员情况并加盖户籍专用章，未附照片的，应当收集犯罪嫌疑人亲属或者其他知情人员辨认犯罪嫌疑人或者其照片的笔录；

2. 户口簿、居民身份证、居住证、工作证、护照等。

（二）对于单位主体

重点审查单位是否为了实施犯罪而设立，单位设立后是否以实施非法采砂为主要业务，犯罪所得是否进入单位所有、控制的账户，实施犯罪是单位意志还是个人意志。

1. 企业法人营业执照、工商注册登记证明；

2. 证明事业单位、社会团体性质的相应法律文件，机关、团体法人代码；

3. 单位财务账目、银行账号证明、年检情况、审计或清理证明等，证明单位管理及资产收益、流向、处分等情况；

4. 单位内部组织的有关合同、章程、协议书等证明单位的组织形式、直接负责的主管人员和其他直接人员等情况；

5. 单位相关会议记录、会议纪要等材料，证明是否能够体现单位意志；

6. 单位已经被撤销的，应有其主管单位出具的证明或工商注销登记资料；

7. 单位的主管人员、其他直接责任人员的供述或证言，重点问明单位基本情况和犯罪嫌疑人、被告人个人任职、职责等情况，查明犯罪活动是否经单位决策实施。

六、证明量刑情节方面的证据

犯罪嫌疑人、被告人具有法定从重、从轻、减轻或酌定从重、从轻的相关情节，应当重点收集以下证据：

1. 发破案经过证据

①以上游犯罪嫌疑人供述为线索的，应收集、审查上游犯罪嫌疑人供述、同案犯供述、证人证言、受案登记表等；

②因形迹可疑被盘查或者自动投案的，应收集、审查犯罪嫌疑人供述、受案登记表、盘查或接受投案人员的证言等；

③侦查机关工作中发现并立案的，应收集、审查侦查机关相关工作汇报、总结材料、受案登记表等；

④行政机关移送的，应收集、审查案件受理、登记、审批、移送手续等。

2. 地位和作用的证据

犯罪嫌疑人供述和辩解、证人证言、分赃、获利情况等。

3. 认罪认罚的证据

犯罪嫌疑人供述和辩解、退赃退赔证明等。

4. 前科劣迹证据

刑事判决书、刑事裁定书、刑满释放证明、不起诉决定书等。

5. 犯罪嫌疑人检举揭发材料等。

全链条打击盗采海砂犯罪

——从《办理海上涉砂刑事案件证据指引》的印发看如何更好守护“海洋蓝”

2023年11月7日，最高人民检察院办公厅、公安部办公厅、中国海警局执法部联合印发《办理海上涉砂刑事案件证据指引》（以下简称《指引》）。为何出台这份文件？将对相关执法司法活动产生哪些影响？近年来打击盗采海砂违法犯罪有哪些行动和成效？记者就此进行了采访。

盗采海砂发案量大，危害更不容小觑

随着城市建设的加速发展，市场对砂石类建筑材料的需求越发旺盛，海砂价格也水涨船高，出现了不少盗采海砂的违法犯罪现象。

近年来，检察机关和有关部门联合开展打击涉砂违法犯罪活动，但巨大的利益驱动导致盗采海砂犯罪仍然屡禁不止。据统计，2018年至2022年，沿海11省市检察机关对盗采海砂犯罪案件提起公诉689件1878人。其中，2022年提起公诉197件488人，件数和人数比2018年

分别上升了258%和190%。

依法严厉打击盗采海砂犯罪，具有怎样的必要性和紧迫性？据了解，海上涉砂类案件占海警机构办案总量的20%以上，是海上违法犯罪案件的主要类型之一。盗采海砂会对开采区的海洋水文动力、海水水质、海底底质、生物底栖环境造成破坏。特别是在海湾等沿岸近海非法开采海砂，会严重改变原始海床结构，引发海岸侵蚀、海水倒灌等生态灾害。

除了对生态环境的破坏，盗采的海砂流入建筑市场，也会存在一定的安全隐患。“海砂含有一定量的氯盐，容易导致混凝土结构中的钢筋锈蚀，进而降低混凝土结构的耐久性和承载力，因此，如果将海砂直接用于建筑行业，安全隐患不容小觑。”全国人大代表、青岛海洋地质研究所副所长印萍告诉记者。

那么，盗采的海砂容易流入建筑市场吗？印萍代表介绍，根据住房和城乡建设部、公安部等部门印发的《关于加强海砂开采运输销售使用管理工作的通知》，住房和城乡建设部门负责对预拌混凝土及用砂质量进行抽查，只要氯离子不超过国家规定的0.03%即可；市场监管部门负责对砂场的管理，只要砂场具有相关资质、在许可范围内经营即可。由此，海砂极易流入建筑市场。

也就是说，目前对于混凝土中使用的海砂氯离子含量的检测，尚无强制性规定，对于洗砂设备也无强制标准。若监管未到位，存在的建筑安全问题很可能会发生，危害人民群众的生命健康和财产安全。印萍代表建议，对于含海砂混凝土的制作、加工及监测等环节，进一步完善相关制度。

准确把握证据，精准定罪量刑

记者仔细研读后发现，《指引》通过细致列举条目化的证据清单，进一步明确了审查海上涉砂刑事案件的工作重点和方向等，有利于依法严厉打击盗采海砂犯罪。

制定《指引》的初衷是什么？最高人民检察院第一检察厅有关负责人表示，司法实践中，由于盗采海砂船只流动性强，采砂团伙不断变换交易模式，尤其是在被执法司法人员发现后，行为人往往会迅速销毁证据，可能会导致定案的客观证据缺乏，证据链条较为薄弱。因此，办理海上涉砂刑事案件，往往存在调查取证困难等问题，不利于实现全链条打击盗采海砂犯罪。

为何《指引》分别对非法采矿罪与掩饰、隐瞒犯罪所得罪两个罪名的取证作出具体规范？据介绍，除个别案件外，被查获的海上涉砂刑事案件，多以非法采矿罪和掩饰、隐瞒犯罪所得罪定性。而对于这两个罪名如何适用，司法实践中存在不同认识。考虑到掩饰、隐瞒犯罪所得罪以上游非法采矿罪的犯罪事实成立为前提，两罪在证据内容上存在较大重合，《指引》对两个罪名的取证要点均作了重点提示。

值得关注的是，2023 年 6 月，最高人民检察院和中国海警局联合发布了 5 件办理海上非法采砂相关犯罪典型案例。其中，4 件为非法采矿案，1 件为掩饰、隐瞒犯罪所得案。从涉及的法律问题来看，主要包括事前通谋共同犯罪的认定、涉案海砂价格的认定、受雇人员的法律责任、替代性修复责任的承担方式等。案例的发布，对于指导办案机关依法准确办理海上涉砂刑事案件同样具有重要意义。

联合打击犯罪，不断走向“深水区”

党中央高度重视海洋生态文明建设和海洋生态环境保护，习近平总书记强调，“要像对待生命一样关爱海洋”。基于此，《指引》的制定，被认为是依法打击整治盗采海砂违法犯罪活动的又一积极举措。近年来，最高人民检察院与多个部门联合，多措并举，依法打击涉海砂违法犯罪活动。

2022 年 7 月、2023 年 2 月，最高人民法院、最高人民检察院、中国海警局联合先后在福建、广东、海南、浙江四省召开座谈会，共同研究探讨办案中的疑难问题，对依法打击涉海砂违法犯罪、统一法律适用标准达成共识。

2023 年 5 月 20 日起，最高人民检察院、公安部、中国海警局联合部署沿海各级检察机关、公安机关和海警机构开展为期 6 个月的打击整治盗采海砂违法犯罪专项行动。

6 月 8 日，世界海洋日，在“法治护航 助力海洋强国建设”新闻发布会上，最高人民法院、最高人民检察院、中国海警局联合发布《依法打击涉海砂违法犯罪座谈会纪要》（以下简称《纪要》），重点围绕罪名适用、主观故意认定、下游行为的处理、劳务人员的责任认定等作出细化规定。

针对实践中涉海砂犯罪由“采运销”一体化向采运分离、“采运销”专业化演变等新情况，《纪要》明确，对于过驳和运输海砂的船主或者船长明显违背航海常规操作或者存在显著异常行为，且不能作出合理解释的情形，可以认定其具有犯罪故意。

根据 2018 年修正的刑事诉讼法，海警机构对海上发生的刑事案件行使侦查权。最高人民检察院与中国海警局联合发布了《关于健全完善侦查监督与协作配合机制的指导意见》。记者了解到，截至目前，检察机关在各级海警机构设置履行侦查监督与协作配合职能的办公室有 190 余个，已经覆盖全部沿海省份，海上刑事案件办理质效得到有效提升。

（来源：最高人民检察院网站）

地方司法业务文件与解读

浙江省高级人民法院　浙江省人民检察院

浙江省公安厅　浙江省司法厅

关于印发《浙江省办理减刑、假释案件实施细则（试行）》的通知

2023 年 1 月 28 日　　浙高法〔2023〕10 号

本省各级人民法院、人民检察院、公安局、司法局，省监狱管理局及各监狱、各看守所：

现将《浙江省办理减刑、假释案件实施细则（试行）》印发给你们，请遵照执行。如执行中遇到问题，请及时报告各自上级主管部门。

浙江省办理减刑、假释案件实施细则（试行）

为贯彻宽严相济刑事政策，确保依法公正办理减刑、假释案件，根据《中华人民共和国刑法》《中华人民共和国刑事诉讼法》《中华人民共和国监察法》《中华人民共和国监狱法》《中华人民共和国社区矫正法》以及最高人民法院《关于办理减刑、假释案件具体应用法律的规定》（法释〔2016〕23 号，以下简称 2016 年《规定》）、《关于办理减

刑、假释案件具体应用法律的补充规定》（法释〔2019〕6 号，以下简称 2019 年《补充规定》），以及最高人民法院、最高人民检察院、公安部、司法部《关于加强减刑、假释案件实质化审理的意见》等有关法律法规、司法解释和规范性文件的规定，结合实际，制定本实施细则。

第一章　一般规定

1. 减刑、假释是激励罪犯改造的刑罚制度，减刑、假释的适用应当贯彻宽严相济刑事政策，最大限度地发挥刑罚的功能，实现刑罚的目的。

对罪犯减刑、假释，应当严格依照法律规定，坚持惩罚、教育、改造相结合的方针，坚持有利于刑罚的有效执行，有利于罪犯的改过自新，有利于维护监管秩序，有利于创新社会治理和维护社会和谐稳定的基本原则。

2. 被判处管制、拘役、有期徒刑、无期徒刑的罪犯在执行期间，认真遵守监规，接受教育改造，确有悔改表现，或者有立功表现的，可以减刑；有重大立功表现的，应当减刑。

被判处死刑缓期执行的罪犯在死刑缓期执行期间，没有故意犯罪，二年期满以后，应当减刑。

被暂予监外执行罪犯的减刑，依照本条第一款的规定执行。

3. 除刑法第八十一条第二款规定的不得假释的情形外，被判处有期徒刑、无期徒刑的罪犯，认真遵守监规，接受教育改造，确有悔改表现，没有再犯罪的危险，符合法定假释条件的，可以假释。

被判处死刑缓期执行的罪犯减刑后，可以参照前款的规定予以假释。

被暂予监外执行的罪犯，符合法定假释条件的，可以假释。

看守所留所执行刑罚罪犯一般不适用假释。

4. 罪犯既符合假释条件，又符合减刑条件的，可以优先适用假释。

对罪犯适用减刑、假释时，应当确保在符合 2016 年《规定》和 2019 年《补充规定》及本实施细则的有关规定的前提下择优呈报，并设置合理比例。

对年满八十周岁且身患疾病或者生活难以自理的罪犯的减刑、假释，不受本实施细则关于减刑、假释比例的限制。

5. 办理减刑、假释案件，必须坚持全面依法审查原则，对于符合刑法第七十八条第一款规定“可以减刑”条件的案件，应当依照 2016 年《规定》第二条的规定进行综合考察。

罪犯服刑期间的改造表现是判断罪犯能否减刑及减刑幅度的重要依据，同时还应当综合考虑 2016 年《规定》第二条规定的其他因素，决定能否减刑及减刑幅度。

罪犯确有悔改表现且服刑期间超过 2016 年《规定》、2019 年《补充规定》和本实施细则等规定的减刑起始时间、间隔时间的，刑罚执行机关方可启动报请减刑的程序。

6. 罪犯交付刑罚执行机关执行后，刑罚执行机关应当对罪犯服刑期间的表现进行全面考核。其中，计分考核结果可以作为依法减刑、假释的重要依据。罪犯考核分和获得的表扬奖励在相应的减刑、假释考核期内有效，减刑幅度应当依照 2016 年《规定》、2019 年《补充规定》等执行。

对罪犯逮捕后在看守所羁押期间的表现，参照前款规定，根据考核情况按优秀、良好、一般、差四个档次予以综合评定，评定结果移送刑罚执行机关，分别按 50 分、30 分、10 分、0 分计入第一个考核周期。由看守所代为考核的罪犯，按实衔接考核分。

7. 管制、拘役、有期徒刑罪犯减刑或者有期徒刑罪犯假释后，实际执行的刑期不能少于原判刑期的二分之一，其起始时间自判决执行之日起计算。

无期徒刑罪犯被减刑、假释后，实际执行的刑期不能少于十三年。其起始时间应当自无期徒刑判决确定之日起计算。

死刑缓期执行罪犯减刑或者减刑后假释的，实际执行的刑期不能少于十五年，死刑缓期执行期间不包括在内。

被限制减刑的死刑缓期执行罪犯，缓期执行期满后依法减为无期徒刑的，其实际执行的刑期不能少于二十五年；因有重大立功表现缓期执行期满后依法减为二十五年有期徒刑的，其实际执行的刑期不能少于二十年。死刑缓期执行期间均不包括在内。

死刑缓期执行的期间，从判决确定之日起计算。死刑缓期执行减为无期徒刑或者有期徒刑的刑期，从死刑缓期执行期满之日起计算。

被判处管制、拘役、有期徒刑的罪犯，判决执行以前先行羁押的，羁押折抵刑期，依照法律、司法解释有关规定执行。

8. “确有悔改表现”是指罪犯应当同时具备以下条件：认罪悔罪；认真遵守法律法规及监规，接受教育改造；积极参加思想、文化、职业技术教育；积极参加劳动，努力完成劳动任务。

对在报请减刑前的服刑期间不满十八周岁，且所犯罪行不属于刑法第八十一条第二款规定情形的罪犯，能认罪悔罪，遵守法律法规及监规，积极参加学习、劳动的，应当视为确有悔改表现。

根据 2016 年《规定》第二十条的规定，老年罪犯、患严重疾病罪犯、身体残疾罪犯（以下简称老病残犯）的计分考核应当主要考察其实际表现，并酌情确定相关考核指标。对基本丧失劳动能力或者生活难以自理的前述罪犯，能够认真遵守法律法规及监规，接受教育改造，均应当视为确有悔改表现。

对职务犯罪，破坏金融管理秩序和金融诈骗犯罪，组织、领导、参加、包庇、纵容黑社会性质组织犯罪等罪犯，不积极退赃、协助追缴赃款赃物、赔偿损失，或者服刑期间利用个人影响力和社会关系等不正当手段意图获得减刑、假释的，不认定其“确有悔改表现”。

适用2019年《补充规定》减刑、假释的罪犯，拒不认罪悔罪，或者确有履行能力而不履行或者不全部履行生效裁判中财产性判项的，不予假释，一般不予减刑。

罪犯在考核期内因违规被处罚，后经教育能够认识并改正错误的，可视为遵守法律法规及监规。

文化程度较低的罪犯，积极参加学习，态度认真，可视为积极参加思想、文化、职业技术教育。

老病残犯劳动态度端正，可视为积极参加劳动。

9. 罪犯在刑罚执行期间的申诉权利应当依法保护，对其正当申诉不能不加分析地认为是不认罪悔罪。刑罚执行机关应当及时转递申诉材料，人民检察院、人民法院应当及时处理。

10. 罪犯具有下列情形之一的，其考核期、起始时间或者间隔时间均应当从查证或者新判决发生法律效力后重新起算：

（一）在服刑期间通过欺骗、贿赂、利用个人影响力或者社会关系等不正当手段意图获得减刑、假释的；

（二）在服刑期间故意犯罪的。

罪犯在考核期内符合减刑、假释的法定条件，后又违规违纪的，刑罚执行机关可以根据有关规定延期呈报或者撤回呈报。

11. 具有下列情形之一的，可以认定为有“立功表现”：

（一）阻止他人实施犯罪活动的；

（二）检举、揭发监狱内外犯罪活动，或者提供重要的破案线索，经查证属实的；

（三）协助司法机关抓捕其他犯罪嫌疑人的；

（四）在生产、科研中进行技术革新，成绩突出的；

（五）在抗御自然灾害或者排除重大事故中，表现积极的；

（六）对国家和社会有其他较大贡献的。

第（四）项的“技术革新”，第（六）项的“其他较大贡献”应当由罪犯在刑罚执行期间独立或者为主完成，并经省级主管部门确认。

12. 具有下列情形之一的，应当认定为有“重大立功表现”：

（一）阻止他人实施重大犯罪活动的；

（二）检举监狱内外重大犯罪活动，经查证属实的；

（三）协助司法机关抓捕其他重大犯罪嫌疑人的；

（四）有发明创造或者重大技术革新的；

（五）在日常生产、生活中舍己救人的；

（六）在抗御自然灾害或者排除重大事故中，有突出表现的；

（七）对国家和社会有其他重大贡献的。

第（一）（二）（三）项中“重大犯罪”“重大犯罪嫌疑人”是指被告人、犯罪嫌疑人可能被判处无期徒刑以上刑罚或者案件在本省或者全国范围内有较大影响等情形；第（四）项中的发明创造或者重大技术革新应当是罪犯在刑罚执行期间独立或者为主完成并经国家主管部门确认的发明专利，但不包括实用新型专利和外观设计专利；第（七）项中的其他重大贡献应当由罪犯在刑罚执行期间独立或者为主完成，并经国家主管部门确认。

13. 罪犯在判决生效之前有检举他人犯罪等行为，但在判决生效之后才查证属实，有立功或者重大立功表现的，可以根据刑法第七十八条的规定予以减刑。

前款罪犯的立功或者重大立功表现的认定，应当按照最高人民法院《关于处理自首和立功若干具体问题的意见》（法发〔2010〕60 号）和省高级人民法院、省人民检察院、省公安厅、省司法厅《关于认定立功具体适用法律问题的若干意见》（浙检会研〔2009〕2 号）有关规定执行。

14. 除有刑法第八十一条第一款规定的“特殊情况”外，被假释的罪犯不得减刑，其假释考验期限也不得缩短。

15. 罪犯在判决前和服刑期间均拒不交待其真实身份的，除法定应当减刑的情形外，不得减刑、假释。

罪犯在服刑期间被减刑或者被假释后，经查证系隐瞒其真实身份的，应当撤销原减刑、假释裁定。但真实身份系罪犯本人主动交代的，自交代之日起的减刑、假释裁定有效，人民法院应当通过裁定对有关信息予以更正。

第二章　减　　刑

16. 被判处管制、拘役的罪犯，在已服刑期超过原判刑期二分之一时可以酌情减刑。

罪犯符合 2016 年《规定》中有关减刑的规定，判决生效时，剩余刑期在一年以上不满二年有期徒刑的，应当实际执行剩余刑期的二分之一以上，且考核期内应当获得考核总月数除以 6 的表扬个数（取整数部分），减刑幅度依照 2016 年《规定》的有关规定执行；剩余刑期不满一年有期徒刑，实际执行剩余刑期的二分之一以上，如考核分尚不足以给予表扬奖励的，其每月考核分（自入监教育结束次月起）不低于 100 分，可以综合其他情况酌情每 200 分减去一个月以下刑期。但 2016 年《规定》第七条第一款、2019 年《补充规定》第二条第一款及本实施细则第 18 条第一款、第 25 条第一款第（一）项、第 26 条规定的罪犯除外。

对减余刑即将刑满释放的罪犯，其考核分尚不足以给予表扬奖励的，以及看守所留所执行刑罚罪犯，可以酌情参照前款规定办理。

17. 被判处有期徒刑的罪犯符合减刑条件，首次减刑时：不满五年有期徒刑的，应当获得二个以上表扬，方可减刑；五年以上不满十年有期徒刑的，应当获得三个以上表扬，方可减刑；十年以上有期徒刑的，应当获得四个以上表扬，方可减刑。

被判处不满十年有期徒刑的罪犯，符合减刑条件再减刑时，应当获得二个以上表扬；被判处十年以上有期徒刑的罪犯，符合减刑条件再减刑时，应当获得三个以上表扬。

前两款罪犯的减刑起始时间、减刑幅度、间隔时间，依照 2016 年《规定》第六条的规定执行。

18. 对被判处不满十年有期徒刑的职务犯罪罪犯，破坏金融管理秩序和金融诈骗犯罪罪犯，组织、领导、参加、包庇、纵容黑社会性质组织犯罪罪犯，危害国家安全犯罪罪犯，恐怖活动犯罪罪犯，毒品犯罪集团的首要分子及毒品再犯，累犯，确有履行能力而不履行或者不全部履行生效裁判中财产性判项的罪犯，符合减刑条件，应当获得四个以上表扬，方可减刑；再减刑时应当获得三个以上表扬，才可以减刑。

对被判处十年以上有期徒刑的前款罪犯，以及因故意杀人、强奸、抢劫、绑架、放火、爆炸、投放危险物质或者有组织的暴力性犯罪被判处十年以上有期徒刑的罪犯，或者数罪并罚且其中两罪以上被判处十年以上有期徒刑的罪犯，符合减刑条件，应当获得四个以上表扬，方可减刑；再减刑时，应当获得四个以上表扬，才可以减刑。

前两款罪犯的减刑起始时间、减刑幅度、间隔时间，依照 2016 年《规定》第七条的规定执行。

19. 被判处无期徒刑的罪犯，符合减刑条件，首次减刑时，应当获得四个以上表扬，方可减刑；再减刑时，应当获得四个以上表扬，才可以减刑。

无期徒刑罪犯的减刑起始时间、减刑幅度、间隔时间，依照 2016 年《规定》第八条的规定执行。

20. 对被判处无期徒刑的职务犯罪罪犯，破坏金融管理秩序和金融诈骗犯罪罪犯，组织、领导、参加、包庇、纵容黑社会性质组织犯罪罪犯，危害国家安全犯罪罪犯，恐怖活动犯罪罪犯，毒品犯罪集团的首要分子及毒品再犯，累犯以及因故意杀人、强奸、抢劫、绑架、放火、爆炸、投放危险物质或者有组织的暴力性犯罪的罪犯，确有履行能力而不履行或者不全部履行生效裁判中财产性判项的罪犯，以及数罪并罚被判处无期徒刑的罪犯，符合减刑条件，应当获得六个以上表扬，方可减刑；再减刑时，应当获得五个以上表扬，才可以减刑。

前款罪犯的减刑起始时间、减刑幅度、间隔时间，依照 2016 年《规定》第九条的规定执行。

21. 被判处死刑缓期执行的罪犯减为无期徒刑后，符合减刑条件，应当获得六个以上表扬，方可减刑；再减刑时，比照本实施细则第 19 条第一款的规定办理。

前款罪犯的减刑起始时间、减刑幅度、间隔时间，依照 2016 年《规定》第十条的规定执行。

22. 对被判处死刑缓期执行的职务犯罪罪犯，破坏金融管理秩序和金融诈骗犯罪罪犯，组织、领导、参加、包庇、纵容黑社会性质组织犯罪罪犯，危害国家安全犯罪罪犯，恐怖活动犯罪罪犯，毒品犯罪集团的首要分子及毒品再犯，累犯以及因故意杀人、强奸、抢劫、绑架、放火、爆炸、投放危险物质或者有组织的暴力性犯罪的罪犯，确有履行能力而不履行或者不全部履行生效裁判中财产性判项的罪犯，以及数罪并罚被判处死刑缓期执行的罪犯，减为无期徒刑后，再减刑时，比照本实施细则第 20 条第一款的规定办理。

前款罪犯的减刑起始时间、减刑幅度、间隔时间，依照 2016 年《规定》第十一条的规定执行。

23. 被限制减刑的死刑缓期执行罪犯，减为无期徒刑后，符合减刑条件，应当获得十个以上表扬，方可减刑。

前款罪犯的减刑起始时间、减刑幅度，依照 2016 年《规定》第十三条的规定执行。

24. 被限制减刑的死刑缓期执行罪犯，减为有期徒刑后符合减刑条件，再减刑时，应当获得五个以上表扬。

前款罪犯的减刑幅度、间隔时间，依照 2016 年《规定》第十四条的规定执行。

25. 适用 2019 年《补充规定》减刑的罪犯，符合下列条件，可以减刑：

（一）被判处不满十年有期徒刑的罪犯，确有悔改表现，首次减刑时，应当获得四个以上表扬，方可减刑；再减刑时，应当获得三个以上表扬。被判处十年以上有期徒刑的罪犯，确有悔改表现，首次减刑时，应当获得六个以上表扬，方可减刑；再减刑时，应当获得四个以上表扬。

（二）被判处无期徒刑的罪犯，确有悔改表现，首次减刑时，应当获得八个以上表扬，方可减刑；再减刑时，应当获得五个以上表扬。

（三）被判处死刑缓期执行的罪犯减为无期徒刑后，确有悔改表现，再减刑时，比照第（二）项的规定办理。

本条第一款罪犯的减刑起始时间、减刑幅度、间隔时间，依照 2019 年《补充规定》执行。

26. 三次以上被追究刑事责任的罪犯、恶势力组织的首要分子以及主犯、性侵未成年人犯罪罪犯和电信网络诈骗犯罪的主犯，符合减刑条件的，参照本实施细则第 18 条、第 20 条、第 22 条规定办理。

27. 罪犯有立功表现的，可以减刑，不受本实施细则有关表扬个数的限制，但减刑起始时间、间隔时间应当符合 2016 年《规定》、2019 年《补充规定》的规定。

罪犯服刑期间确有悔改表现，符合减刑条件，同时又有立功或者重大立功表现的，应当按照法律和司法解释的规定一并减刑，不得分项办理。

罪犯所获表扬个数超过本实施细则起报减刑表扬个数的，可以综合其改造表现酌情增加减刑幅度，但减刑幅度应当符合 2016 年《规定》、2019 年《补充规定》的相关规定。罪犯存在扣减减刑幅度情形的，应当予以扣减。

28. 被判处有期徒刑以上刑罚的罪犯，在刑罚执行期间或者裁判生效后尚未交付执行期间故意犯罪，后又符合减刑条件的，除应当依照2016年《规定》第二十一条的规定从严掌握减刑的起始时间外，其首次减刑应当获得的表扬个数也相应增加。新罪被判处有期徒刑的，应当获得六个以上表扬，方可减刑；新罪被判处无期徒刑的，应当获得八个以上表扬，方可减刑；新罪被判处死刑缓期执行的，减为无期徒刑后，应当获得十个以上表扬，方可减刑。

罪犯在死刑缓期执行期间又故意犯罪，未被执行死刑的，减为无期徒刑后，符合减刑条件，应当获得十个以上表扬，方可减刑。

被判处有期徒刑宣告缓刑的罪犯或者被裁定假释的罪犯，在考验期内又故意犯罪的，依照本条第一款规定处理。

前三款罪犯再减刑时的间隔时间应当按新判决决定执行的刑期确定，且应当分别依照本实施细则的相关规定增加一个表扬，才可以减刑。

29. 罪犯故意隐瞒其他犯罪事实，在刑罚执行期间被司法机关发现，漏罪被判处三年有期徒刑以上刑罚的，其首次减刑应当获得的表扬个数，依照本实施细则第28条第一款的规定处理。漏罪的主要犯罪事实系罪犯主动交代的，其减刑的起始时间自首次判决执行之日起计算，减刑应当获得的表扬个数依照本实施细则的有关规定掌握。

被判处有期徒刑宣告缓刑的罪犯或者被裁定假释的罪犯，故意隐瞒其他犯罪事实，在考验期内被发现漏罪，漏罪被判处三年有期徒刑以上刑罚的，依照前款规定处理。

30. 对在报请减刑前的服刑期间不满十八周岁的罪犯，应当依照2016年《规定》第十九条的规定予以减刑，且应当获得的表扬个数可以适当减少。

老病残犯应当依照2016年《规定》第二十条规定予以减刑。基本丧失劳动能力或者生活难以自理的老病残犯，其应当获得的表扬个数可以适当减少。

前两款规定的“适当减少”表扬个数不得超过本实施细则相关规定的三分之一。减少的表扬数不足整数的，以考核分对应折算，相关规定由省监狱管理局另行制定。

31. 死刑缓期执行罪犯在缓期执行期间不服从监管、抗拒改造，尚未构成犯罪的，在减为无期徒刑后再减刑时，应当比照本实施细则第 21 条至第 24 条的规定适当从严掌握。

32. 被判处有期徒刑的罪犯减刑幅度为：

（一）确有悔改表现且符合本实施细则第 17 条、第 18 条、第 19 条、第 20 条、第 21 条、第 22 条规定减刑起报最低条件的基准表扬个数的，一次减刑一般减去八个月有期徒刑。本实施细则另有规定的依照规定。

（二）具有立功表现的，一次减刑不超过九个月有期徒刑；确有悔改表现并有立功表现的，一次减刑不超过一年有期徒刑。

（三）具有重大立功表现的，一次减刑不超过一年六个月有期徒刑；确有悔改表现并有重大立功表现的，一次减刑不超过二年有期徒刑。

被判处无期徒刑、死刑缓期执行的罪犯减为有期徒刑后再减刑的，减刑幅度比照前款规定从严把握。

33. 被限制减刑的死刑缓期执行罪犯，减为有期徒刑后再减刑时，一次减刑一般减去五个月有期徒刑；有重大立功表现的，一次减刑不超过一年有期徒刑。

34. 适用 2019 年《补充规定》的罪犯，确有悔改表现或者有立功表现的，一次减刑一般减去五个月有期徒刑；确有悔改表现并有立功表现的，一次减刑不超过九个月有期徒刑；有重大立功表现的，一次减刑不超过一年有期徒刑。

35. 罪犯确有悔改表现，并有下列情形之一的，对其减刑幅度应当在综合考察犯罪的性质和具体情节、社会危害程度等因素的基础上酌情增加一个月至二个月，但一次减刑不得超过2016年《规定》、2019年《补充规定》有关条款规定的最高减刑幅度。

（一）过失犯罪、中止犯罪或者被胁迫参加犯罪的罪犯；

（二）因防卫过当或者紧急避险过当被判处有期徒刑以上刑罚的罪犯；

（三）考核期内获得的表扬个数超出基准表扬个数的罪犯。

36. 罪犯确有悔改表现，并有下列情形之一的，应当在综合考察犯罪的性质和具体情节、社会危害程度等因素的基础上，对其减刑幅度予以从严掌握：

（一）组织、领导黑社会性质组织犯罪罪犯，危害国家安全犯罪罪犯，恐怖活动犯罪罪犯，一般扣减三个月减刑幅度。

（二）参加、包庇、纵容、入境发展黑社会性质组织犯罪罪犯，毒品犯罪集团的首要分子及毒品再犯，累犯以及因故意杀人、强奸、抢劫、绑架、放火、爆炸、投放危险物质或者有组织的暴力性犯罪的罪犯，数罪并罚被判处死刑缓期执行、无期徒刑或者其中两罪被判处十年以上有期徒刑的罪犯，恶势力组织的首要分子以及主犯，三次以上被追究刑事责任的罪犯，一般扣减二个月减刑幅度。

（三）职务犯罪罪犯，破坏金融管理秩序和金融诈骗犯罪罪犯，恶势力组织的从犯，缓刑、暂予监外执行期间又犯罪的罪犯，刑罚执行期间又故意犯罪的罪犯，在服刑期间有行凶、逃跑等严重破坏监狱管理秩序的罪犯，针对未成年人实施犯罪的罪犯或者纠集、教唆未成年人实施犯罪的罪犯，故意伤害致人死亡的罪犯，拐卖妇女儿童的罪犯，有吸毒史且本次服刑时间未满三年的罪犯，开设赌场犯罪的罪犯，因赌博受到治安处罚或者被判处拘役、管制后三年内又犯赌博罪的罪犯，电信网络诈骗犯罪的主犯，一般扣减一个月减刑幅度。但适用本实施细则第34

条规定减刑的罪犯除外。

37. 依照 2016 年《规定》和本实施细则的有关规定，经综合考察应予从严减刑的罪犯，减刑扣减幅度可以累加，但一般应在四个月以内掌握；有本实施细则第 53 第二款第（一）项规定情形的，或者犯罪情节极其严重，或者有重大社会影响等需要从严控制减刑幅度的，减刑从严扣减幅度可以在四个月以上六个月以下掌握。必要时，可以同时适用延长考核期三个月以上二年以下。

限制减刑的罪犯和适用 2019 年《补充规定》的罪犯，实际扣减幅度一般不超过四个月。

第三章　假　　释

38. 办理假释案件应当依照 2016 年《规定》第二十二条规定认定罪犯"没有再犯罪的危险"、并应当全面评估其假释后对所居住社区的影响。

对报请假释的罪犯，刑罚执行机关应当根据罪犯狱内改造表现等进行再犯罪危险评估，经人民法院、人民检察院审查后，可以作为认定罪犯是否有再犯罪危险的参考依据。

39. 罪犯符合刑法、2016 年《规定》、2019 年《补充规定》及本实施细则等有关假释的规定，可予假释。但具有下列情形之一的，假释时应当从严掌握：

（一）危害国家安全犯罪罪犯；

（二）恐怖活动犯罪罪犯；

（三）邪教组织犯罪的组织者、策划者、指挥者和骨干分子；

（四）犯罪集团首要分子；

（五）组织、领导、参加、包庇、纵容、入境发展黑社会性质组织犯罪罪犯；

（六）恶势力组织的首要分子以及主犯；

（七）毒品再犯；

（八）适用2019年《补充规定》的罪犯；

（九）三次以上被追究刑事责任或者缓刑、暂予监外执行期间又犯罪的罪犯；

（十）在服刑期间有行凶、逃跑等严重破坏监狱管理秩序的罪犯；

（十一）刑罚执行期间又故意犯罪的罪犯；

（十二）针对未成年人实施犯罪的罪犯或者纠集、教唆未成年人实施犯罪的罪犯；

（十三）拐卖妇女儿童的罪犯；

（十四）故意伤害致人死亡的罪犯；

（十五）有吸毒史且本次服刑时间未满三年的罪犯；

（十六）开设赌场犯罪罪犯，因赌博受到治安处罚或者被判处拘役、管制后三年内又犯赌博罪的罪犯；

（十七）具有其他应当从严假释情形的罪犯。

前款第（一）项至第（七）项罪犯，综合考察罪犯犯罪的性质和具体情节、社会危害程度、原判刑罚等因素，一般不予假释。

本条第一款第（八）项至第（十七）项罪犯，依照司法部《监狱计分考核罪犯工作规定》（司规〔2021〕3号）第二十一条、第二十二条，以及《浙江省监狱计分考核罪犯工作实施细则》（浙司〔2021〕92号）（以下简称浙江省《考核规定》）第三十五条、第三十六条规定，考核期内二分之一以上的考核周期均被评定为积极等级的，可以假释。

40. 对下列罪犯适用假释时可以依法从宽掌握：

（一）过失犯罪的罪犯、中止犯罪的罪犯、被胁迫参加犯罪的罪犯；

（二）因防卫过当或者紧急避险过当被判处有期徒刑以上刑罚的罪犯；

（三）犯罪时未满十八周岁的罪犯；

（四）基本丧失劳动能力或者生活难以自理，假释后生活确有着落的老病残犯；

（五）患严重疾病或者残疾的老年罪犯；

（六）有未满八周岁子女需要抚养的女性罪犯；

（七）已丧偶或者丈夫正在服刑，有未满十六周岁子女确需本人抚养的女性罪犯；

（八）具有其他可以从宽假释情形的罪犯。

前款所列罪犯，同时具有本实施细则第 39 条第一款所列情形的，不适用本条规定。

41. 罪犯减刑后又假释的，间隔时间应当符合 2016 年《规定》第二十八条的规定，且应当获得考核期内考核总月数除以 6 的表扬个数（取整数部分）。

本实施细则第 40 条所列罪犯中年满七十五周岁，基本丧失劳动能力或者生活难以自理的罪犯，以及患严重疾病或者残疾的老年罪犯，符合法律和 2016 年《规定》的假释条件的，适用假释时，可以不受本实施细则关于表扬个数的限制。

罪犯减刑后余刑不足二年，决定假释的，可以适当缩短间隔时间，并酌情减少应当获得的表扬数，但间隔时间不得少于剩余刑期的二分之一，且考核期内应当获得考核总月数除以 6 的表扬个数（取整数部分）；减刑后余刑不足一年，如果考核积分尚不足以给予表扬奖励，考核期内每月考核得分不低于 100 分的，也可以依法适用假释。

罪犯在刑罚执行期间未减刑，符合法定假释条件的，可以假释，但考核期内应当获得考核总月数除以 6 的表扬个数（取整数部分）。对交付执行时剩余刑期不满一年的罪犯，符合法定条件的，比照本实施细则第 16 条第二款规定可以呈报减刑起始时间的三分之二以上，考核期内每月（自入监教育结束次月起）考核得分不低于 100 分的，可以依法适用假释。

罪犯在暂予监外执行被收监执行后，符合法定假释条件的，可以依据本实施细则等相关规定予以假释。暂予监外执行期间不计入考核总月数，司法行政机关对罪犯作出的综合评定作为呈报假释时的参考依据。但因违法、违规行为被收监执行的，需执行一年以上才可以假释，或者余刑不足二年的，需执行剩余刑期二分之一以上才可以假释。

42. 在假释考验期限内，发现被假释的罪犯具有《中华人民共和国社区矫正法实施办法》第四十七条第一款规定情形之一的，由执行地同级社区矫正机构向原审人民法院或者执行地人民法院提出撤销假释建议并附相关证明材料，人民法院应当自收到之日起三十日内依法作出裁定，撤销假释，收监执行未执行完毕的刑罚。

罪犯在假释期间存在前款情形，假释期满后被发现的，应当依照前款的规定撤销假释，收监执行未执行完毕的刑罚。

人民法院裁定撤销假释的，应当将撤销假释裁定书送达报请机关，同时抄送同级人民检察院及报请机关所在地的人民检察院、公安机关和原刑罚执行机关。有关机关应当依照刑事诉讼法第二百六十四条第二款的规定，及时将罪犯送交监狱或者看守所。

第四章　减刑、假释与财产性判项的关联

43. 监狱在对罪犯进行入监教育时，应当告知罪犯履行财产性判项的相关规定，以及履行情况、履行态度对其减刑、假释的影响，教育罪犯服从法院裁判，如实报告个人财产，积极履行财产性判项。

44. 罪犯应当履行的财产性判项的具体金额，依照原生效裁判中的判决主文执行。

判决主文未明确追缴、责令退赔金额的，刑罚执行机关、检察机关和审理减刑、假释案件的法院，可以根据原生效判决认定的犯罪事实等

函告原一审法院对相关金额及已追缴、退赃等情况予以确定，原一审法院收到后未在二十日内函复确认或者函复不明确的，本次办理减刑、假释时可以不计入财产性判项总额。

根据原生效判决认定的犯罪事实，应当判处罪犯履行财产性义务而未判处，且影响对罪犯减刑、假释适用的，刑罚执行机关、检察机关和审理减刑、假释案件的法院，可以函告原一审法院予以处理，原一审法院收到后未在三十日内函复确认或者做出处理的，不影响本次对罪犯的减刑、假释。

生效裁判判决二人以上共同承担退赃、退缴、民事赔偿义务的，如果其中一名或者数名罪犯已经履行全部共同财产性判项的，视为全部罪犯已经履行财产性判项。对其中未履行财产性判项的罪犯，在减刑、假释时可以酌情从严掌握。

45. 对财产性判项未履行完毕的罪犯，减刑、假释时应当调查其具体履行情况，同时重点审查其对财产性判项的履行能力。

履行能力应当结合财产性判项金额、原判已追缴情况、罪犯经济条件和财产状况、是否如实报告个人财产、服刑期间消费支出、法院执行情况、有无实施故意隐瞒或者逃避执行等因素综合审查认定。

依法判处没收的财产系判决生效时罪犯的个人财产，判决生效后应当立即执行。除确有证据证实罪犯存在隐匿前述财产以逃避没收财产执行外，一般不影响对罪犯的减刑、假释。经查实，罪犯有逃避没收财产执行行为的，对其不予减刑、假释，已裁定减刑、假释的，应当予以撤销。

46. 在财产性判项未履行完毕的情况下，罪犯在监狱服刑期间的消费支出和监狱内个人账户余额情况在一定程度上反映了罪犯是否具有履行财产性判项的意愿和态度，应当与其减刑、假释进行关联。

47. 对财产性判项未履行完毕的罪犯，在监狱服刑期间的消费支出应予以控制。罪犯服刑期间消费支出，不得超过省监狱管理局规定的罪犯最高档月消费限额的50%，女性罪犯和未成年罪犯不得超过80%，其中应当扣除罪犯因身患疾病所需、学习教育支出等非日常消费项目。

罪犯监狱内个人账户余额不包括罪犯服刑期间被刑罚执行机关依照相关规定冻结至刑满之日方能支取的款项。

报请减刑、假释时，刑罚执行机关应当将罪犯考核期内的消费支出情况随案移送，同时提供罪犯监狱内个人账户余额。

48. 罪犯履行财产性判项的能力，可以分为确有全部或者部分履行能力和暂无履行能力。

暂无履行能力的罪犯，在呈报减刑、假释前，通过狱内劳动报酬、奖励或者亲友帮助尽力履行财产性判项的，可以认定为积极履行财产性判项。

49. 确有全部或者部分履行能力是指罪犯对财产性判项未履行部分的全部或者部分，具有履行能力。具有以下情况之一的，可以视为确有全部或者部分履行能力：

（一）罪犯被判处财产性判项金额不足1000元的，但在报请减刑、假释前的服刑期间系未成年的除外；

（二）减刑、假释审理期间或者裁定之后，人民法院依法执行到相应财物的，但裁定后获得的财物除外；

（三）隐藏、转移、故意毁损财产或者无偿转让财产、以明显不合理的低价转让财产的；

（四）拒绝报告或者虚假报告财产情况的；

（五）伪造、毁灭履行能力的证据，以暴力、威胁、贿买等方法阻止他人作证或者指使他人作伪证的；

（六）拒不交付法律文书指定交付的财物、票证或者拒不迁出房屋、土地的；

（七）与他人串通，通过虚假诉讼、虚假仲裁、虚假和解等方式妨害执行的；

（八）罪犯接到人民法院限制消费令后，违反限制消费令进行消费，经查证属实，被人民法院处罚的。

50. 罪犯通过借名、虚报用途等途径进行狱内消费而规避审查，或者具有故意提供伪造贫困证明等欺瞒行为，视为在该考核期内确有全部或者部分履行能力而不履行。

罪犯在考核期内月均消费超过省监狱管理局规定限额的，依照前款规定处理。

51. 罪犯不符合本实施细则第49条、第50条所列情形的，应当认定为暂无履行能力。

52. 罪犯确有全部或者部分履行能力而在履行能力范围内不履行财产性判项的，一般不予减刑。

前款罪犯存在本实施细则第50条第一款行为的，还应当依照本实施细则第10条第一款第（一）项规定予以从严。

53. 职务犯罪罪犯，破坏金融管理秩序和金融诈骗犯罪罪犯，组织、领导、参加、包庇、纵容黑社会性质组织犯罪罪犯等“三类罪犯”，确有全部或者部分履行能力而在履行能力范围内不全部履行财产性判项的，一般不予减刑。

“三类罪犯”以外的其他罪犯确有全部或者部分履行能力，在履行能力范围内仅履行部分。对其减刑应当依照下列规定从严掌握：

（一）财产性判项大部分尚未履行的，一般在2016年《规定》的相应减刑起始时间和间隔时间基础上延长一年以上，并相应增加二个以上表扬，方可呈报减刑；减刑幅度比照本实施细则第37条从严控制减刑幅度的规定掌握。

（二）财产性判项已大部分履行的，一般在2016年《规定》的相应减刑起始时间和间隔时间基础上至少延长六个月，并相应增加一个以上表扬，方可呈报减刑；减刑幅度比照本实施细则第37条一般从严的幅度规定掌握。

前款罪犯系判决生效后剩余刑期不满二年有期徒刑、服刑期间不满十八周岁或者符合 2016 年《规定》第二十条第二款规定的，一般在 2016 年《规定》相应减刑起始时间和间隔时间基础上酌情延长三个月至六个月，减刑幅度比照本实施细则第 37 条一般从严的幅度规定从宽掌握。

财产性判项大部分履行的区分标准为已履行金额超过原生效裁判中判决主文确定的财产性判项总金额的 50%，原审审理及执行期间缴纳用于履行财产性判项的金额均可以计算在已履行数额中。一般不包括没收财产部分，但确有证据证实罪犯有判决生效时未执行的个人财产的，该查实部分财产应当纳入总金额。

54. 确有全部或者部分履行能力而在履行能力范围内不履行财产性判项的，不予假释。

55. 暂无履行能力的罪犯，可以减刑。

此类罪犯的财产性判项未履行或者仅履行少部分的，减刑幅度一般比照其他同类罪犯从严掌握二个月至三个月；具有积极履行情形的，从严掌握一个月至二个月。

此类罪犯的财产性判项大部分已履行的，减刑幅度一般比照其他同类罪犯从严掌握一个月至二个月；具有积极履行情形的，从严掌握一个月或者不予从严。

共同犯罪中的此类罪犯已经履行个人财产性判项对应比例部分的，不予从严。

罪犯符合前三款规定且系“三类罪犯”的，对其减刑比照前三款规定从严掌握。

56. 暂无履行能力的罪犯符合法定条件时，可以假释，但一般在 2016 年《规定》明确的间隔时间基础上延长六个月以上方可呈报，表扬数也须相应增加。

前款罪犯系判决生效后剩余刑期不满二年有期徒刑或者假释前未曾

减刑的，一般比照其他同类罪犯酌情延长三个月至六个月呈报。

此类罪犯系“三类罪犯”的，一般不予假释，但确有证据证实其积极履行的除外。

罪犯被认定为暂无履行能力，且被判处承担连带赔偿责任、共同退赔退缴，个人承担部分已经履行完毕，但共同部分未全部履行的，符合法定条件时可以假释，但可适度从严掌握。

57. 暂无履行能力罪犯虽未履行财产性判项，但经审查有下列情形之一的，一般不影响减刑、假释：

（一）交付执行以来，无家属会见且无狱外收入钱款的，但是拒不交待真实身份的除外；

（二）因本案被采取强制措施时尚未成年的；

（三）丧失劳动能力或者生活难以自理的老病残犯，且家中已无直系亲属的；

（四）因涉案财产已被司法机关依法扣押、查封、冻结，但尚未执行，其本人无法履行，或者找不到被害人、被害人不接收等罪犯自身意愿和能力之外的客观原因，导致财产性判项未履行或者未全部履行的；

（五）罪犯已取得被害人及其亲属的谅解，被害人及其亲属书面明确表示放弃罪犯未履行或者未履行完毕的财产性判项，或者被害人及其亲属书面同意罪犯在出狱后履行财产性判项的。

58. 看守所留所执行刑罚罪犯，财产性判项未履行完毕的，一般不予减刑，服刑期间改造表现特别优秀且暂无履行能力的除外。

59. 罪犯财产状况调查、财产性判项履行、相关材料移送等协作、配合和监督事项，依照省高级人民法院、省人民检察院、省公安厅、省司法厅《关于刑事裁判财产性判项执行工作若干问题的规定》（浙检发监字〔2017〕16 号）以及相关规定执行。

第五章 重新审理后原减刑、假释裁定的处理

60. 人民法院按照审判监督程序重新审理的案件，在依照 2016 年《规定》第三十二条的规定重新作出减刑裁定时，裁定减去的刑期应当综合考虑罪犯的一贯表现及实际执行的刑期等因素，酌情确定。

经审判监督程序审理的案件，再审裁判改变原判决、裁定的，原减刑、假释裁定自动失效，刑罚执行机关、社区矫正机构应当及时报请有管辖权的人民法院重新作出是否减刑、假释的裁定；重新作出裁定时，罪犯再审前的计分考核结果连续计算，减刑起始时间、间隔时间和减刑幅度不受 2016 年《规定》、2019 年《补充规定》和本实施细则有关规定的限制；罪犯减刑幅度应当综合考虑各方面因素，不得超过原裁定减去的刑期总和。罪犯再次减刑时，按改判后的罪名、刑期对照本实施细则执行，减刑间隔时间从再审判决前最后一次减刑裁定送达之日起计算。

前款罪犯已经刑满释放或者被裁定假释，再审判决判处较轻刑罚的，重新作出减刑、假释裁定前可以不予收监。

再审裁判改变原判决、裁定认定的部分事实，但未改变量刑，如果改变的事实不影响对罪犯减刑、假释的，原减刑、假释裁定继续有效。

原判处有期徒刑的罪犯，经再审改判为死刑缓期执行或者无期徒刑的，在减为有期徒刑之时，原判决生效后已经实际执行的刑期一并折抵，原判决生效前先行羁押的时间不予折抵；再审改判前原裁定减去的刑期依照 2016 年《规定》第三十二条第二款的规定处理。

经审判监督程序重新审理的案件，减刑起始时间自原审判决执行之日起计算，但再审改判为无期徒刑或者死刑缓期执行的，不适用本款和本条第二款、第三款的规定。

61. 罪犯服刑期间因发现漏罪而数罪并罚的案件，原减刑裁定减去

的刑期，应当依照 2016 年《规定》第三十四条、第三十六条、第三十七条的规定重新作出裁定。

无期徒刑罪犯减为有期徒刑后因发现漏罪被判处三年有期徒刑以下刑罚，数罪并罚决定执行无期徒刑的，在新判决生效后执行一年以上，符合减刑条件并获得两个以上表扬的，方可减刑。

62. 根据 2016 年《规定》第三十三条、第三十四条的规定，罪犯经减刑减去的刑期不属于罪犯已实际执行的刑期，刑法第七十条规定的"已经执行的刑期"不应当包括经减刑减去的刑期，不应当计算在新判决决定的刑期以内；刑法第七十一条规定的"前罪没有执行的刑罚"应当包括罪犯前罪经减刑减去的有期徒刑刑期。

第六章　减刑、假释案件的相关程序要求

63. 监狱、看守所、社区矫正机构在报请罪犯减刑、假释前，应当召开评审会或者所务会。

对拟假释的罪犯，应当依照有关规定，委托社区矫正机构对罪犯的个人情况、服刑前的一贯表现和社会背景等情况进行调查，由社区矫正机构提交罪犯假释后对所居住社区影响的调查评估意见，在报请时应当将相关证据材料连同人民检察院的意见一并移送人民法院。

对人民法院决定暂予监外执行罪犯的假释，由设区的市级以上司法行政机关向社区矫正执行地的中级以上人民法院提出建议；对公安机关、监狱决定暂予监外执行的假释，由设区的市级以上公安机关或者监狱向其所在地中级以上人民法院提出建议。

64. 办理减刑、假释案件的材料移送、相关证据材料的审查和判断标准，以及人民法院审理案件程序，应当依照省高级人民法院、省人民检察院、省公安厅、省司法厅《关于进一步规范减刑假释工作的若干意见》（浙高法〔2021〕145 号）相关规定执行。

65. 人民法院开庭审理减刑、假释案件，下列人员应当参与：

（一）同级人民检察院的检察人员、同级人民检察院指派的下级人民检察院检察人员、刑事执行检察院检察人员；

（二）省监狱管理局、设区的市级以上公安机关、设区的市级以上司法行政机关等部门的审核人员，报请机关指派的人员；

（三）被报请减刑、假释的罪犯；

（四）人民法院认为其他应当参与开庭审理的人员。

66. 人民法院公开开庭审理减刑、假释案件，可以邀请人大代表、政协委员、廉政监督员、新闻媒体或者有关方面代表等参加旁听。

被报请减刑、假释罪犯系职务犯罪罪犯，组织、领导、参加、包庇、纵容黑社会性质组织犯罪罪犯，破坏金融管理秩序和金融诈骗犯罪罪犯及其他在社会上有重大影响或者社会关注度高的案件开庭审理的，应当邀请有关人员参加旁听。

人民法院公开开庭审理减刑、假释案件，刑罚执行机关可以组织其他在押人员参加旁听。

67. 人民法院审理减刑、假释案件，应当按照下列情形分别处理：

（一）被报请减刑、假释罪犯符合法律规定的减刑、假释条件的，作出予以减刑、假释的裁定；

（二）被报请减刑的罪犯符合法律规定的减刑条件，但执行机关报请的减刑幅度不适当的，对减刑幅度进行相应调整后作出予以减刑的裁定；

（三）被报请减刑、假释罪犯不符合法律规定的减刑、假释条件的，作出不予减刑、假释的裁定。

符合本实施细则第 4 条第 1 款规定条件的罪犯，被人民法院裁定不予假释后，刑罚执行机关呈报减刑的，人民法院可以裁定减刑，不受本实施细则关于时间间隔规定的限制。

罪犯因暂不符合减刑、假释条件，被人民法院裁定不予减刑、假释，之后能认罪悔罪，积极消除相关不予减刑、假释情形，符合法定减刑、假释条件，且间隔时间在三个月以上并符合本实施细则有关规定的，可以减刑、假释。罪犯全部履行或者积极履行财产性判项，或者经查证属暂无履行能力的，间隔时间可以缩短为二个月以上。罪犯的考核期、起始时间或者间隔时间应当连续计算，之前获得的考核分和奖励予以保留。但罪犯以不正当手段意图获得减刑、假释的除外。

罪犯已被裁定减刑、假释，后发现存在不应当予以减刑、假释情形的，应当裁定撤销原作出的减刑裁定，或者裁定撤销假释收监执行未实际执行的刑罚。经减刑已刑满释放的，应当撤销原作出的减刑裁定，收监执行未实际执行的刑罚。

在人民法院作出减刑、假释裁定前，报请机关可以书面提请撤回减刑、假释建议，是否准许，由人民法院根据实际情况决定。

68. 减刑、假释案件的裁定书应当在作出之日起七日内送达有关报请机关、人民检察院以及罪犯本人，假释裁定书还应当送达社区矫正机构等单位。

69. 罪犯被采取刑事强制措施或者被留置期间有检举、揭发等行为，在判决生效后查证属实，构成“立功表现”或者“重大立功表现”的，经县级以上办案单位审查同意后，办案单位应当将有关材料移送刑罚执行机关，由刑罚执行机关依照本实施细则的有关规定呈报减刑。

第七章　法律监督

70. 监狱拟报请罪犯减刑、假释的，可以邀请人民检察院派员列席评审会。监狱应当在评审会完成评审程序后，将报请减刑、假释的相关材料移送人民检察院征求意见。

人民检察院收到监狱移送的罪犯情况表等减刑、假释材料后，应当及时进行审查，并在十日内提出审查意见。对需要进行调查核实的，可以延长十日，但需将延长案件中的罪犯姓名告知监狱。调查核实可以采取调阅复制有关材料、重新组织诊断鉴别、文证鉴定、召开座谈会、个别询问等方式进行。

人民检察院发现罪犯符合减刑、假释条件，监狱未报请减刑、假释的，可以建议报请减刑、假释。

监狱评审会应当将人民检察院意见与报请减刑、假释建议，一并报请监狱长办公会议审议决定。监狱对人民检察院意见未予采纳的，应当予以回复，并说明理由。

监狱在向人民法院报请减刑、假释的同时，应当将报请减刑、假释的建议书副本抄送人民检察院。人民检察院收到减刑、假释建议书副本后，应当进行审查，可以向人民法院提出书面意见；发现减刑、假释建议不当或者报请减刑、假释违反法定程序的，应当在收到建议书副本后十日内，向人民法院提出书面意见，同时将检察意见书副本抄送监狱。

对社区矫正机构就符合法定减刑条件的社区矫正对象报请减刑时的法律监督，参照前五款规定执行。

71. 看守所拟报请罪犯减刑、假释的，可以通知人民检察院驻所检察室参加所务会。

看守所所属公安机关在报请减刑、假释时，应当将减刑、假释建议书副本抄送同级人民检察院征求意见。人民检察院在收到减刑、假释建议书副本起二个工作日内提出检察意见并反馈给公安机关。

公安机关应当将人民检察院的检察意见，连同减刑、假释案件材料一并移送受理的中级人民法院。

72. 人民检察院收到人民法院减刑、假释裁定书后，应当及时审查。

人民检察院认为人民法院审理减刑、假释案件过程中确有错误并导致减刑、假释裁定不当的，应当在收到裁定书后二十日内，向人民法院提出书面纠正意见。人民法院应当在收到书面纠正意见后另行组成合议庭审理，并在一个月内作出裁定。

人民检察院发现人民法院已经生效的减刑、假释裁定确有错误的，应当向人民法院提出书面纠正意见。人民法院应当在收到书面纠正意见后另行组成合议庭审理并作出裁定。

73. 人民法院发现本院已经生效的减刑、假释裁定确有错误的，应当另行组成合议庭审理并作出裁定；上级人民法院发现下级人民法院已经生效的减刑、假释裁定确有错误的，应当指令下级人民法院另行组成合议庭审理并作出裁定，也可以自行审理并作出裁定。

74. 司法工作人员在办理减刑、假释案件过程中故意违反法律法规，存在权钱交易、徇私舞弊、滥用职权、严重渎职等行为，导致案件处理违规违法的；或者捏造事实、出具虚假证明材料，导致裁判结果错误并造成严重后果的，应当追究相关人员的责任。构成犯罪的，依法追究刑事责任。

对司法工作人员追究法律责任，应当根据其行为的危害程度、造成的后果、以及责任大小予以确定，实事求是，过罚相当。要切实保护司法工作人员依法履职的行为。办理减刑、假释案件的司法工作人员依法履职，不存在以权谋私、徇私舞弊、滥用职权或者严重不负责任等行为的，不能仅凭减刑、假释裁定后刑满释放人员、社区矫正对象再犯罪或者减刑、假释裁定被撤销而追究其责任。

第八章　附　　则

75. 本实施细则所称表扬是指浙江省《考核规定》中计分考核结果所对应的表扬。

76. 本实施细则所称的“老年罪犯”是指报请减刑、假释时年满六十五周岁的罪犯；“患严重疾病罪犯”是指罪犯所患疾病接近或者基本达到《暂予监外执行规定》之《保外就医严重疾病范围》规定情形的罪犯；“身体残疾罪犯”是指达到《劳动能力鉴定职工工伤与职业病致残等级》（GB/T 16180—2014）规定的相应残疾等级的罪犯，但罪犯犯罪后自伤自残的除外；“生活不能自理罪犯”是指符合最高人民法院《罪犯生活不能自理鉴别标准》（法〔2016〕305号）规定情形的罪犯。

本实施细则下发后，关于前款罪犯有新的规定的，依照新的规定执行。

77. 本实施细则第8条“不积极退赃、协助追缴赃款赃物、赔偿损失”，是指有确凿证据证实罪犯在刑事裁判前后存在上述行为意图逃避法律制裁。

78. 本实施细则所称的“判决确定之日”，是指判决生效之日。死刑缓期执行的判决生效之日是指判决或者裁定核准死刑缓期执行的法律文书宣告或者送达之日。

本实施细则所称的“判决执行之日”，是指罪犯实际送交刑罚执行机关之日，即入监之日。被判处无期徒刑罪犯减刑的起始时间自判决执行之日起计算。

本实施细则所称的“考核期”，是指判决执行之日，或者前一次减刑考核截止之日的次日至本次报请减刑、假释考核截止之日的期间。

本实施细则所称的“考核周期”，是指浙江省《考核规定》第四条规定的考核周期。

本实施细则所称的“间隔时间”，是指前一次减刑裁定送达之日至本次报请减刑、假释的考核截止之日的期间。原判死刑缓期执行的，减为无期徒刑或者有期徒刑后，再减刑的间隔时间从死刑缓期执行期满之日起计算。

本实施细则所称的“考核总月数”，是指入监教育结束次月或者前一次减刑考核截止月的次月至本次报请减刑、假释考核截止月的月份数量。

79. 本实施细则所称的“以上”“以下”“以内”均包括本数。

80. 根据刑事诉讼法第二百六十四条第二款的规定，在看守所留所执行刑罚罪犯的相关考核奖惩与减刑、假释之间的关系，依照省高级人民法院、省人民检察院、省公安厅、省司法厅《浙江省办理看守所留所执行刑罚罪犯减刑、假释案件实施办法（试行）》(浙公通字〔2017〕94号）执行。

根据最高人民法院、最高人民检察院、公安部、司法部联合下发的《关于未被判处死刑的同案犯交付执行问题的意见》的规定，判决生效后暂时留在看守所服刑的罪犯，在此期间的服刑改造表现参照前款的规定进行考核，考核结果可以作为此后依法减刑、假释的重要依据。减刑的起始时间比照前款的考核起始时间计算。

81. 本实施细则与法律和司法解释相抵触的，适用法律和司法解释的规定。

82. 本实施细则自2023年4月1日起施行，我省以前下发的规范性文件相关规定与本实施细则不一致的，以本实施细则为准。

指导案例、典型案例与解读

防范金融投资诈骗典型案例

（2023 年 10 月 24 日由最高人民检察院发布）

一、郑某等人假冒基金公司网络诈骗案

【基本案情】

2017 年起，郑某伙同周某坤等人搭建“德金国际”“中辉国际”等虚假基金交易平台，仿照正规基金平台，设置了基金产品买卖、支付提现、客服投诉等全部功能，但平台实际上不能进行任何基金投资活动，郑某可以通过后台控制基金指数涨跌操控投资人盈亏。郑某招募大量代理商、业务员，使用微信等网络社交软件以投资基金理财产品为名吸引投资者。业务员冒充基金经理、投资顾问等身份，骗取被害人信任后，将“德金国际”“中辉国际”等虚假基金交易平台推荐给被害人。上述平台为吸引被害人投资，向被害人发送虚假投资盈利截图营造投资回报丰厚假象，诱骗被害人注册、充值、交易，最终以收取高额手续费、控制期货类基金指数涨跌等方式骗取被害人投资款。被害人投资款均转入郑某实际控制账户，并未进行任何真实的基金投资活动。郑某等人以上述方式骗取 1. 2 亿余元。

【检察机关履职过程】

2018 年 4 月 16 日，浙江省舟山市公安机关以郑某、周某坤等人涉嫌诈骗罪移送起诉。浙江省舟山市检察院审查起诉过程中，通过审查“德金国际”虚假基金交易平台在第四方支付公司开设的支付账户的交易记录，认定郑某等除利用该虚假基金交易平台外，还利用“中辉国际”“鑫利国际”“拉菲国际”“海蒂国际”等虚假基金交易平台实施诈骗的犯罪事实，追加认定诈骗金额 5000 余万元，最终认定诈骗金额共计 1. 2 亿余元。2018 年 9 月 28 日，浙江省舟山市检察院以诈骗罪对郑某等 33 人提起公诉。

检察机关通过审查涉案人员微信聊天记录、诈骗平台绑定的支付账户交易记录，进一步锁定参与虚假基金交易平台诈骗活动的各级代理商 50 余名，向公安机关制发补充移送起诉通知书。公安机关后陆续抓获犯罪嫌疑人 38 人并移送起诉。其中，4 人在郑某等人诈骗案中追加起诉，31 人由舟山市人民检察院、嵊泗县人民检察院于 2019 年 7 月 26 日至 2022 年 10 月 20 日陆续提起公诉，3 人仍在审查起诉阶段。

【处理结果】

2019 年 11 月 18 日，浙江省舟山市中级人民法院对郑某、周某坤等 37 人诈骗案作出一审判决，以诈骗罪判处被告人郑某无期徒刑，剥夺政治权利终身，并处没收个人全部财产；判处被告人周某坤有期徒刑十五年，并处罚金人民币一百万元；判处其余 35 名被告人有期徒刑十四年六个月至有期徒刑九个月不等，并处罚金。2020 年 11 月 13 日至 2023 年 4 月 18 日，浙江省舟山市中级人民法院、浙江省嵊泗县人民法院以诈骗罪对陆续提起公诉的 31 名被告人作出一审判决，判处各被告人有期徒刑十二年至有期徒刑一年六个月不等，并处罚金。一审宣判后，部分被告人提出上诉，二审法院均维持有罪判决。

二、曹某等人利用虚假外汇交易平台诈骗案

【基本案情】

2019 年 7 月，曹某、蒋某龙共谋利用“融通天下”等虚假外汇投资平台中虚拟的“炒外汇”功能吸引投资者，再通过操控平台后台数据控制涨跌，骗取被害人钱款。蒋某龙以北京华鑫众德有限公司的名义招募业务员，经“话术”培训后，指使部分业务员假扮“白富美”、成功投资者等身份，谎称在“融通天下”投资平台上炒外汇很容易赚钱，吹嘘平台内有专业老师指导投资并有内部消息，并通过微信聊天、群发炒外汇挣钱的截图等方式取得被害人信任，引诱被害人在“融通天下”平台注册投资；其他业务员则在平台内假冒“投资老师”“专业经理”指导被害人投资。被害人在“融通天下”平台购买外汇后，曹某、蒋某龙操控平台后台数据控制涨跌，通过让被害人前期少量盈利吸引更大量投资，再针对被害人购买外汇情况进行反向操作，造成投资款全部或大部分亏损，实际投资款均通过平台直接进入曹某控制账户。曹某、蒋某龙等骗取被害人钱款共计 620 余万元。

【检察机关履职过程】

北京市公安局房山分局立案侦查后，北京市房山区人民检察院应邀介入侦查，会同公安机关研判侦查方向。针对本案犯罪活动主要通过网络进行的特点，检察机关引导公安机关提取电子数据，并由检察技术人员对电子数据及相关鉴定意见进行辅助审查，准确认定诈骗犯罪事实。2020 年 11 月 27 日，北京市公安局房山分局以曹某等涉嫌诈骗罪移送起诉。北京市房山区人民检察院审查认为，曹某、蒋某龙等人利用虚假外

汇交易平台进行营销宣传，误导投资人认为投资款用于外汇交易，实际通过直接操控后台涨跌并反向操作的方式骗取投资人投资款，构成诈骗罪，数额特别巨大。

2020 年 12 月 29 日，北京市房山区人民检察院以诈骗罪对曹某、蒋某龙等人提起公诉。

【处理结果】

2021 年 7 月 29 日，北京市房山区人民法院以诈骗罪判处被告人曹某有期徒刑十三年九个月，剥夺政治权利三年，并处罚金人民币十四万元；判处被告人蒋某龙有期徒刑十三年六个月，剥夺政治权利三年，并处罚金人民币十三万五千元；判处其余 17 名被告人有期徒刑六年十个月至有期徒刑一年三个月不等并处罚金。一审宣判后，被告人曹某上诉，2021 年 11 月 1 日，北京市第二中级人民法院二审驳回上诉，维持原判。

三、武某凯等人非法荐股诱骗股民高位接盘诈骗案

【基本案情】

2020 年 6 月至 8 月，武某凯与张某运（另案处理）预谋通过网络荐股诈骗牟利，组织郭某安、杨某强等多人组成非法荐股诈骗团伙。在未取得证券投资咨询业务资质的情况下，武某凯对外谎称其所控制的“锐华教育”机构是专业股票投资咨询机构，通过微信、微博等网络平台发布虚假分析、免费荐股等文章进行“网络吸粉”，并由团伙成员化名“赵荣庆”冒充股票大师进行投资授课。该团伙成员注册多个微信号并统一命名为“赵荣庆”“夏虹”，吸引全国各地股民添加微信号，

引诱股民进入股票分析微信群。其他团伙成员冒充"赵荣庆"及其助理"夏虹"的身份，每日在客户微信群内发布股评信息、直播间授课链接、股票交易建议等。同时，该团伙成员又冒充普通股民在微信群、直播间内讨论股票交易、发送虚假的股票盈利截图，谎称跟随"赵荣庆"老师操作能赚钱，吹捧"赵荣庆"老师专业水平高，以此营造"锐华教育"是股票投资咨询专业机构的假象，逐步取得股民信任，引诱股民购买"赵荣庆"推荐的股票，并通过让股民发送股票交易截图免会员费等方式掌握股民的资金量。

当跟随推荐购买股票的资金总量累计达到一定程度后，武某凯联系"资金庄家"，先由"资金庄家"低位建仓指定的某只股票，再由"赵荣庆"在股票微信群、直播间内宣称该只股票会"三连涨停"，诱骗股民在股市集合竞价不可撤销申报期间以指定的高价挂单申报买入该股票。根据股民发送的交易截图统计申报买入的资金量后，"资金庄家"以对应价格反向申报卖出此前低位建仓的股票，利用集合竞价撮合交易规则将低位建仓买入的股票精准出售给诱骗而来的股民，所得收益由武某凯与"资金庄家"分成。武某凯团伙以该手段诈骗400余万元。

【检察机关履职过程】

2020年11月27日、2021年5月25日，广东省广州市公安局增城区分局以诈骗罪将武某凯等29名犯罪嫌疑人分批移送起诉。广州市增城区人民检察院受案后并案审查，认为武某凯犯罪团伙通过虚假宣传，诱骗股民在集合竞价不可撤销申报阶段挂单高价买入指定股票，再由"资金庄家"对股民的高价挂单进行"精准收割"，造成股民损失惨重。武某凯团伙在此对手交易中大额非法获益，不属于正常的股票交易行为，也不同于利用资金优势、信息优势等"抢帽子"操纵市场行为，应当以诈骗罪追究刑事责任。

2021 年 6 月 23 日，广州市增城区人民检察院以诈骗罪对武某凯等人提起公诉。

【处理结果】

2022 年 11 月 15 日，广东省广州市增城区人民法院以诈骗罪判处被告人武某凯有期徒刑十四年六个月，并处罚金人民币五十万元；判处被告人郭某安有期徒刑十一年，并处罚金人民币十五万元；其余 27 名被告人被判处有期徒刑十年六个月至有期徒刑九个月不等，并处罚金。一审宣判后，部分被告人上诉，2023 年 5 月 26 日，广州市中级人民法院裁定驳回上诉，维持原判。

四、唐某等人销售虚假保险理财产品诈骗案

【基本案情】

2020 年 12 月至 2021 年 1 月，唐某等人通过非法手段获取保险公司客户信息，专门挑选缺少金融领域知识、防范意识较低的老年人为目标，在杭州市拱墅区、萧山区等地假冒某保险公司、银行银保中心客服人员的身份，编造代为销售保险理财产品的事实，印制发放虚假保险理财产品宣传册，通过电话营销、线下推销等形式，以高额利息附带赠送米油等小礼品为诱饵，诱骗被害人购买虚假的基金、理财产品。同时，唐某等人利用某保险公司并购消息，编造保险公司并购需要重新办理手续等理由，诱使被害人将正规保险账户中的资金转移至该诈骗团伙指定账户。后唐某等人将账户内资金通过转账、取现等方式转移占有。唐某团伙骗取 20 余名被害人共计 270 余万元。

【检察机关履职过程】

公安机关立案侦查后，以涉嫌诈骗罪对唐某等人提请批准逮捕。浙江省杭州市拱墅区人民检察院在审查逮捕期间，积极开展引导侦查工作，通过分析手机数据，结合被害人被骗资金流向，排查绘制出该犯罪团伙的其他作案窝点，在前期已侦查查明涉 1 个窝点造成 5 名被害人 70 余万元损失犯罪事实的基础上，补充查明了唐某等人共涉 3 个窝点造成 20 余名被害人 270 余万元损失的犯罪事实，并发现业务主管刘某碧等人涉嫌犯罪，监督公安机关立案并移送起诉。2021 年 6 月 12 日，浙江省杭州市公安局拱墅区分局以唐某等 7 人涉嫌诈骗罪移送起诉。2021 年 9 月 3 日，浙江省杭州市拱墅区人民检察院以诈骗罪对唐某等 7 人提起公诉。

【处理结果】

2022 年 7 月 29 日，浙江省杭州市拱墅区人民法院以诈骗罪判处被告人唐某有期徒刑十一年六个月，并处罚金人民币十万元；其余 6 名被告人被判处有期徒刑五年六个月至有期徒刑九个月不等，并处罚金。一审宣判后，部分被告人上诉，2022 年 9 月 29 日，浙江省杭州市中级人民法院裁定驳回上诉，维持原判。

五、马某等人利用转让新三板挂牌公司股权集资诈骗案

【基本案情】

2015 年，安徽 R 股份有限公司在全国中小企业股权转让系统（新三板）挂牌，马某系该公司法定代表人。2017 年 9 月，因公司急需周

转资金，马某与蔡某杰（另案处理）、陈某敏等人商议，以正在筹备 A 股上市为名寻找投资者。在未经证券部门批准且不具备证券经营资质的情况下，蔡某杰控制的股权投资公司与 R 公司签订了《投资顾问协议》，约定以每股 7. 8 元价格对外转让 R 公司股票，其中 R 公司实际每股获得 3. 4 元，其他 4. 4 元由股权投资公司占有。后股权投资公司找到宣传团队策划推广 R 公司股票。宣传团队雇用大批代理商组建微信群、QQ 群，拉拢有投资意向的社会公众入群，并冒充投资者在群内分享虚假购买凭证营造哄抢氛围。同时，还雇人冒充国家高级证券分析师、股票讲师开设网络直播间，向投资者分析新三板股票、讲授炒股技巧，夸大宣传并预测 R 公司股票在 A 股上市的可能，鼓动投资者大量买入该公司股票。为获取投资者信任，马某制作并披露 R 公司虚假财务报表，自买自卖公司股票虚抬股价，出资对公司进行虚假宣传，并承诺三年内 R 公司将在主板上市并实现“翻番式”收益，如果上市失败或不能如期上市则以 10%年利率进行回购。在未实际转让 R 公司股权的前提下，马某与投资者签订所谓的“股权转让”“股权代持”协议，假借增资扩股、转让股票的名义向 100 余名投资者募集资金 1910 余万元，部分资金用于 R 公司经营活动。

2018 年 4 月，马某在 R 公司已停工停产、资不抵债的情况下，仍以上述方式，伙同罗某等人以每股 13 元的价格向 400 余名投资者募集资金 9900 万余元。截至案发，未兑付数额共计 1 亿余元。

【检察机关履职过程】

2019 年 11 月 11 日，安徽省亳州市公安局以马某涉嫌非法吸收公众存款罪、陈某敏等人涉嫌擅自发行股票罪移送起诉。安徽省亳州市人民检察院审查起诉过程中，与中国证监会安徽监管局就本案股权转让行为定性进行两次会商研判，认定马某与投资者签订的并非股票转让合同，实际上 R 公司股权未发生变化，投资者未得到任何股权，不符合擅自发行股票罪的犯罪构成要件。结合马某等人许诺获利、投资款用途、股权转让方式等方面综合分析，最终认定马某等人以股权转让为名向社会公众募集资金，并承诺还本付息，构成非法吸收公众存款罪。同时，2018 年 4 月以后，在 R 公司已经停止生产经营、资不抵债的情况下，马某仍然继续通过虚假宣传向社会公众骗取投资款，属于使用诈骗方法，以非法占有为目的进行非法集资，2018 年 4 月后的非法集资行为已经构成集资诈骗罪。

2020 年 5 月 25 日，安徽省亳州市人民检察院以非法吸收公众存款罪、集资诈骗罪对马某等人提起公诉。

【处理结果】

2021 年 12 月 21 日，安徽省亳州市中级人民法院以非法吸收公众存款罪、集资诈骗罪判处被告人马某无期徒刑，剥夺政治权利终身，并处罚金人民币五十万元；判处被告人陈某敏有期徒刑十三年，并处罚金人民币二十八万元；以集资诈骗罪或非法吸收公众存款罪判处其余 3 名被告人有期徒刑十五年至有期徒刑二年八个月不等，并处罚金。一审宣判后，部分被告人上诉，2022 年 8 月 22 日，安徽省高级人民法院裁定驳回上诉，维持原判。

六、张某强等人设立虚假期货投资平台诈骗案

【基本案情】

2021 年 12 月，张某强、翁某波共同搭建名为“凯雷”的虚假网络投资平台，谎称可通过平台购买股票、期货、基金等金融产品投资国际市场，承诺百分之百获利。张某强将自己包装成“指导老师”，吹嘘取

得国外金融博士学位、拥有丰富投资经验，指导投资人操作抢单购买“凯雷”网络投资平台上的股指、期货等虚假产品；其他团伙成员则冒充投资助理、投资者等多种身份，在微信群中吹捧张某强的专业能力，发布虚假盈利图片、虚假抢单消息等，诱使投资人相信“凯雷”平台是正规投资平台且收益有保证。

张某强吸引到一定数量的投资者后，在微信群上发出特定时间购买某种金融产品的指令，要求全部操作必须在 15 秒以内完成，否则无法领取“红利”。被害人按照上述指导“抢单”操作后，投资款实际转入张某强指定的账户，张某强再以“操作慢了”“操作错误”等理由蒙骗投资者。2021 年 12 月 16 日至 12 月 20 日，张某强等人共实施犯罪 43 起，骗得人民币 73 万余元。

【检察机关履职过程】

公安机关立案侦查后，广东省广州市黄埔区人民检察院应邀介入侦查，针对犯罪嫌疑人“其行为是非法经营金融业务、不是诈骗”的辩解，建议公安机关提取犯罪嫌疑人使用的 30 台手机数据，围绕吸收客户资金过程、客户亏损资金去向等进行调查取证。经公安机关查实，被害人的资金并未用于真实投资，而是被张某强等人非法占有，涉嫌诈骗罪。2022 年 3 月 25 日，公安机关以张某强等人涉嫌诈骗罪分批移送起诉。

2022 年 4 月 25 日，广东省广州市黄埔区人民检察院以诈骗罪对张某强、翁某波提起公诉。同年 10 月 10 日，对其余 8 人另案提起公诉。

【处理结果】

2022 年 7 月 21 日，广东省广州市黄埔区人民法院以诈骗罪判处被告人张某强有期徒刑十二年，并处罚金人民币五万元；判处被告人翁某波有期徒刑十一年，并处罚金人民币四万元；2022 年 11 月 11 日，其余

8 名被告人均被判处有期徒刑三年，并处罚金。一审宣判后，被告人张某强、翁某波上诉，2022 年 9 月 27 日，广州市中级人民法院裁定驳回上诉，维持原判。

七、蔡某轩等人销售虚假投资交易软件诈骗案

【基本案情】

2020 年 10 月，蔡某轩在上海成立信息科技有限公司，通过网络社交软件及投资网站等，虚构该公司开发的“光擎智能交易软件”可通过算法增加外汇交易盈利能力，向社会公众宣传推销该软件月版，实际上该软件并无蔡某轩宣称的功能。在客户购买并远程安装该交易软件后，蔡某轩等人以完成交易设置为由索要客户账户及密码，再由后台技术人员私自操作客户账户人为跟单营造盈利假象，使客户误以为系通过该软件算法获得盈利。

为进一步拓展业务，公司业务员将客户拉入 VIP 微信群，宣称公司已开发出“光擎智能交易软件”升级版且盈利能力更强，诱导客户购买升级后的软件一年版、三年版等，并由公司人员冒充其他客户在群内发送虚假盈利截图、升级软件购买转账截图等，夸大软件盈利能力，制造软件销售火爆假象。同时，销售人员还在群内谎称如不升级软件版本，可能会因交易通道升级导致交易服务停止而产生爆仓等风险，诱骗被害人高价购买所谓的软件升级版本。在被害人购买升级版本后，蔡某轩等人宣称公司倒闭以规避查处。蔡某轩等人以上述方式骗取 30 余名被害人共计 200 余万元。

【检察机关履职过程】

2021 年 1 月 20 日，上海市公安局松江分局以涉嫌诈骗罪对蔡某轩

等 36 人移送起诉。上海市松江区人民检察院审查认为，蔡某轩等人以销售“新算法”量化交易软件为名，将没有任何宣称功能的软件销售给客户，并通过后台篡改数据、冒充客户虚假宣传、制造不升级就无法使用的紧张气氛等手段，诱骗客户进一步高价购买不具有任何功能的软件升级版，骗取客户财物，构成诈骗罪。对设立公司并策划指挥诈骗活动的领导者应当依法从重处罚，受指使、雇用层级较低的人员，依法认定从犯，并根据有无管理职责、工作时长、犯罪金额及获利等因素综合认定各层级人员的地位作用。

2021 年 2 月 17 日，上海市松江区人民检察院以诈骗罪对蔡某轩等人提起公诉。

【处理结果】

2022 年 9 月 16 日，上海市松江区人民法院以诈骗罪判处被告人蔡某轩有期徒刑十年三个月，剥夺政治权利二年，并处罚金人民币五万元；其余 35 名被告人被判处有期徒刑六年至十一个月不等，并处罚金。一审宣判后，各被告人未上诉，判决已生效。

危害药品安全犯罪典型案例

（2023年9月18日由最高人民法院发布）

目　录

案例一：黄某霖等生产、销售假药案

——使用辣椒油等非药品生产黄道益活络油等药品

【简要案情】

2019年12月起，被告人黄某霖通过网络从广东、江苏等地购买生产设备及药水、空瓶、瓶盖、标签等原材料，雇用卢某荣、柯某来、章某辉、章某花、林某娟（均另案处理）等人在福建省莆田市使用辣椒油、热感剂等非药品灌装生产假冒黄道益活络油、双飞人药水、无比滴液体，后通过电商平台以明显低于正品的价格销售牟利，销售金额共计 639 万余元，获利 40 余万元。

2019 年 12 月至 2020 年 5 月，被告人柯某云明知被告人黄某霖生产、销售假药，仍与黄某霖共同灌装、贴标、包装黄道益活络油，用自己的身份信息注册网店并负责客服工作，提供自己身份信息注册的支付宝账号用于黄某霖购买原料以及销售假药收款，销售金额共计 308 万余元。

经莆田市市场监督管理局认定，涉案黄道益活络油、双飞人药水、无比滴（港版）、液体无比滴 S2a（日版）、液体无比滴婴儿（儿童版）5 个涉案产品均为假药。

【裁判结果】

福建省莆田市秀屿区人民法院、莆田市中级人民法院经审理认为，被告人黄某霖、柯某云生产、销售假药，情节特别严重，其行为均已构成生产、销售假药罪。柯某云在与黄某霖的共同犯罪中起次要和辅助作用，系从犯，结合其情节和作用，依法予以减轻处罚。黄某霖、柯某云均认罪认罚。据此，以生产、销售假药罪判处被告人黄某霖有期徒刑十二年，并处罚金人民币一千一百万元；判处被告人柯某云有期徒刑三年，并处罚金人民币五十万元。

【典型意义】

互联网为人民群众购药提供了便利，同时也给药品监管和打击危害药品安全违法犯罪带来了新的挑战。违法犯罪分子通过互联网能够更容易地购买制售假药的设备、原材料，销售渠道也更加便捷，假药加工网点往往设置在出租屋等隐蔽场所，增加了监管和打击难度。被告人灌装假药后通过网店销售，在一年半的时间内销售金额即达639万余元，严重扰乱了药品监管秩序，危害人民群众用药安全，应依法严惩。本案也提醒广大消费者，要从正规的网络交易平台购买药品，以确保用药安全。

案例二：闫某销售伪劣产品案

——将四价人乳头瘤病毒疫苗拆分后销售给受种者

【简要案情】

2020年4月至2021年5月，被告人闫某任吉林省敦化市某街道社区卫生服务中心计划免疫科科长，负责四价人乳头瘤病毒疫苗（俗称四价宫颈癌疫苗）的销售、接种和管理工作。闫某为获取非法利益，将由其本人负责销售、接种的450支四价人乳头瘤病毒疫苗（只能供给150名受种者受种，每名受种者受种3支、每支0.5毫升）以抽取原液的方式，将1支足量疫苗拆分成2支至4支疫苗，拆分后的疫苗每支约0.1毫升。之后，闫某以每人2448元的价格将拆分后的四价人乳头瘤病毒疫苗销售给306名受种者，销售金额共计74万余元。闫某将非法收取的疫苗款用于偿还贷款及日常花销。案发后，闫某上缴违法所得70余万元。

【裁判结果】

吉林省敦化市人民法院经审理认为，被告人闫某以非法获利为目的，将四价人乳头瘤病毒疫苗进行拆分，以不合格疫苗冒充合格疫苗销售给受种者，销售金额达74万余元，其行为已构成销售伪劣产品罪。

闫某具有坦白情节，认罪认罚，并主动上缴部分违法所得。据此，以销售伪劣产品罪判处被告人闫某有期徒刑八年四个月，并处罚金人民币五十万元。

【典型意义】

宫颈癌是严重威胁女性健康的恶性肿瘤，适龄女性接种人乳头瘤病毒疫苗是预防宫颈癌的有效措施，能够有效降低宫颈癌及癌前病变的发生率。人乳头瘤病毒疫苗属于非免疫规划疫苗，在我国尚未纳入国家免疫规划或医疗保险覆盖范围，按照自费自愿的原则接种。随着人民群众健康意识的提升，越来越多的适龄女性开始主动接种人乳头瘤病毒疫苗，一度造成市场上高价人乳头瘤病毒疫苗供不应求的现象。一些不法分子为谋取非法利益，生产、销售伪劣人乳头瘤病毒疫苗，严重影响疫苗的接种效果和人民群众的用药安全，必将受到法律的严厉制裁。

案例三：张某松等生产、销售假药案

——用“冻干粉”假冒肉毒素销售

【简要案情】

2016 年 11 月至 2017 年 1 月，被告人张某松、张某林兄弟二人为非法获利，在广东省广州市将购买的裸瓶“冻干粉”改换包装后假冒不同品牌肉毒素（注射用 A 型肉毒毒素），以每支 15 元的价格多次向袁某兰（另案处理）等人销售共计 13060 支。案发后，公安机关从二被告人处扣押涉案产品共计 25090 支。经查，二被告人生产、销售金额共计 57 万余元。经中国食品药品检定研究院检验，涉案产品均未检出 A 型肉毒毒素成分。

【裁判结果】

陕西省渭南市临渭区人民法院、渭南市中级人民法院经审理认为，被告人张某松、张某林违反药品管理法规，生产、销售假药，情节特别严重，其行为均已构成生产、销售假药罪。据此，以生产、销售假药罪判处被告人张某松有期徒刑十二年，并处罚金人民币七十万元；判处被告人张某林有期徒刑十一年，并处罚金人民币五十万元。

【典型意义】

近年来，医疗美容行业蓬勃发展，有效满足了人民群众对美好生活的向往，但随之也产生了虚假宣传、非法行医、假货频现等一系列行业乱象。注射用A型肉毒毒素，俗称“瘦脸针”，属于注射剂药品，也属于医疗用毒性药品，是国家实施特殊管理的药品。注射用A型肉毒毒素具有较好的除皱效果，在医疗美容行业中被广泛应用，同时也成为不法分子制假售假的重点目标。本案被告人用“冻干粉”冒充不同国家、不同品牌的注射用A型肉毒毒素，经检验，涉案产品均未检出A型肉毒毒素成分，应认定为假药。本案提醒广大消费者要在正规医疗美容机构进行医美服务，避免给自己造成不必要的伤害。

案例四：杨某鱼、蔡某掩饰、隐瞒犯罪所得案

——非法收购、销售医保骗保药品

【简要案情】

2017年至2020年12月，被告人杨某鱼为谋取利益，向被告人蔡某、特病病人黄某某等低价收购利用医保骗保购买的百令胶囊、开同复

方 α-酮酸片、尿毒清颗粒等特病药品，后加价出售给重庆市某医药有限公司的蒋某某。杨某鱼收售药品金额共计 2400 万余元，非法获利 70 万元。

2019 年 11 月至 2020 年 12 月，被告人蔡某为谋取利益，向特病病人唐某某、赵某、黄某某等十余人低价收购利用医保骗保购买的百令胶囊、开同复方 α-酮酸片、尿毒清颗粒等特病药品后，加价出售给被告人杨某鱼。蔡某收售药品金额共计 900 万余元，非法获利 20 万元。

【裁判结果】

重庆市永川区人民法院、重庆市第五中级人民法院经审理认为，被告人杨某鱼、蔡某明知系利用医保骗保的药品而非法收购、销售，情节严重，其行为均已构成掩饰、隐瞒犯罪所得罪。杨某鱼、蔡某到案后如实供述主要犯罪事实。据此，以掩饰、隐瞒犯罪所得罪，判处被告人杨某鱼有期徒刑六年六个月，并处罚金人民币一百四十万元；判处被告人蔡某有期徒刑五年六个月，并处罚金人民币四十万元。

【典型意义】

医保基金是人民群众的“救命钱”，事关广大群众的切身利益。但一些不法分子利用国家的惠民政策，明知是医保骗保购买的药品，从医保骗保者手中低价收购，加价贩卖，谋取非法利益。部分不法分子甚至指使、教唆、授意他人利用医保骗保购买药品，加价贩卖。一些“中间商”长时间从事前述犯罪活动，形成“灰色”产业链，严重扰乱国家药品监管秩序，危害医保基金的正常运行，对医疗资源的科学、合理利用，对相关病人的合法权益造成极大损害。严厉打击医保骗保犯罪，斩断犯罪分子伸向医保基金的黑手，为国家医保基金提供强有力的司法保护，责任重大，意义深远。

案例五：未某等生产、销售假药案

——将消毒产品冒充药品销售

【简要案情】

2019年1月至2021年5月，被告人未某、桑某全、袁某文共同出资成立杨马湖生物科技有限公司，在未取得药品相关批准证明文件的情况下，在河南省鹤壁市租赁厂房生产牙科类药品。三被告人按照配方（水、亮蓝素、冰片、薄荷香精、酒精、发泡剂）调制含漱液，并将药品“浓替硝唑含漱液”的名称、适用症、药理作用、用法用量、作用类别（明确标明“口腔科类非处方药品”）等信息标志在其生产的“天天™浓替硝唑含漱液”内外包装及说明书上，使用编造的“豫卫消证字（2017）第0158号”卫生许可证号和已注销的“天驰生物科技（濮阳）有限公司”及该公司地址作为厂名、厂址。涉案含漱液通过网店被销往安徽等全国各地，销售金额共计49万余元。经安徽省芜湖市食品药品检验中心检验，涉案含漱液中不含药品成分；经芜湖市市场监督管理局认定，涉案含漱液属于“非药品冒充药品”，系假药。

【裁判结果】

安徽省芜湖市湾沚区人民法院经审理认为，被告人未某、桑某全、袁某文生产、销售假药，情节特别严重，其行为均已构成生产、销售假药罪。袁某文具有自首情节，依法可以从轻或者减轻处罚。未某、桑某全具有坦白情节，依法可以从轻处罚。三被告人均自愿认罪认罚。据此，以生产、销售假药罪判处被告人未某有期徒刑六年六个月，并处罚金人民币三十四万元；判处被告人桑某全有期徒刑六年六个月，并处罚金人民币三十三万元；判处被告人袁某文有期徒刑六年，并处罚金人民币三十三万元。

【典型意义】

消毒产品与药品有严格的区别，消毒产品不是药品，没有治疗疾病的作用。《消毒管理办法》第三十一条第二款规定，消毒产品的标签（含说明书）和宣传内容必须真实，不得出现或暗示对疾病的治疗效果。目前，市场上有不法分子用消毒产品冒充药品，宣称有治疗效果，欺骗和误导消费者，甚至有不法分子在非消毒产品上擅自标志“消字号”，以消毒产品名义宣传疗效，冒充药品，严重侵害了消费者的合法权益。广大消费者购买药品，要注意审查药品的名称、药品生产批准文号及说明书等材料，对没有药品生产批准文号，或者药品名称及说明书反映的产品功能与批准文号不符的，要谨慎购买和使用。

《刑事法律文件解读》
2023 年总目录

法律、法律性文件与解读

司法解释、司法指导性文件与解读

部门规章、规章性文件与解读

地方司法业务文件与解读

指导案例、典型案例与解读

地方典型案例选登

司法实务问题研究

新类型疑难案例选评

最新立法司法动态

司法白皮书

最新法律文件解读丛书

稿　约

最新法律文件解读丛书是一套以为最新法律规范提供同步“解读”为主的系列丛书，分为刑事、民事、商事、行政与执行4个分册，按月出版。

本丛书以“解读”为重点，突出全、专、新、快、准等特点，通过对最新出台的法律、法规、司法解释、部门规章以及重要地方性法规进行同步动态解读，弥补了法律、法规、司法解释汇编类出版物没有同步阐释、解读内容的不足，为广大读者学习理解最新法律规范，正确贯彻执行法律文件，及时解决实践中的新情况、新问题，提供一个全方位、多层面的法律信息平台。

欢迎您向以下栏目赐稿：

【最新法律文件解读】主要是对最新颁行的法律文件进行解读，帮助司法和执法人员正确理解法律文件的立法背景、意义、重点内容、在适用中应注意的问题、与相关法律文件的衔接与互动关系等。

【司法实务问题研究】主要刊登对司法理论、实务及司法管理工作中的热点、疑难问题进行研究及评论的文章。

【新类型疑难案例选评】主要是对司法和行政执法实践中具有典型性和代表性的疑难案例，结合具体案情以及审理或处理结果进行简练精辟的点评，解析认识问题的方法、处理问题的法律依据和在个案中的具体适用。

【法学前沿与新视点】以摘要的形式刊登相关法学理论研究的最新动态及具有代表性和典型性的前沿问题，扩展法学研究的深度和广度。

【法律适用问题解答】主要针对司法和行政执法实践中面临的新问题、热点问题、疑难问题进行简要的解答，指出涉及的法律关系，明确法律适用依据。

稿件一经刊用即付稿酬，稿酬从优。

《刑事法律文件解读》　杨晓燕　邮箱：5184621@qq.com
《民事法律文件解读》　杨　洁　邮箱：1216921515@qq.com
《商事法律文件解读》　路建华　邮箱：shangshijiedu@126.com
《行政与执行法律文件解读》　赵杰琼　邮箱：1092123089@qq.com

人民法院出版社
最新法律文件解读丛书编辑部